BASE NACIONAL COMUM CURRICULAR
dilemas e perspectivas

EDITORA AFILIADA

Coordenador do Conselho Editorial de Educação
Marcos Cezar de Freitas

Conselho Editorial de Educação
José Cerchi Fusari
Marcos Antonio Lorieri
Marli André
Pedro Goergen
Terezinha Azerêdo Rios
Valdemar Sguissardi
Vitor Henrique Paro

Dados Internacionais de Catalogação na Publicação (CIP)
(Câmara Brasileira do Livro, SP, Brasil)

Cury, Carlos Roberto Jamil
   Base Nacional Comum Curricular : dilemas e perspectivas / Carlos
Roberto Jamil Cury, Magali Reis, Teodoro Adriano Costa Zanardi. — São
Paulo : Cortez, 2018.

   Bibliografia.
   ISBN 978-85-249-2684-6

   1. BNCC - Base Nacional Comum Curricular 2. Currículos 3. Educação -
Brasil 4. Pedagogia 5. Política educacional 6. Professores - Formação I. Reis,
Magali. II. Zanardi, Teodoro Adriano Costa. III. Título.

18-18247   CDD-370.981

Índices para catálogo sistemático:

1. Brasil : Base Nacional Comum Curricular   370.981

Cibele Maria Dias - Bibliotecária - CRB-8/9427

Carlos Roberto Jamil Cury
Magali Reis
Teodoro Adriano Costa Zanardi

BASE NACIONAL COMUM CURRICULAR
dilemas e perspectivas

1ª edição
3ª reimpressão

BASE NACIONAL COMUM CURRICULAR: DILEMAS E PERSPECTIVAS
Carlos Roberto Jamil Cury, Magali Reis, Teodoro Adriano Costa Zanardi

Capa: de Sign Arte Visual
Preparação de originais: Jaci Dantas
Revisão: Maria de Lourdes de Almeida
Projeto gráfico e diagramação: Linea Editora
Coordenação editorial: Danilo A. Q. Morales

Nenhuma parte desta obra pode ser reproduzida ou duplicada sem autorização expressa dos autores e do editor.

© 2018 by Autores

Direitos para esta edição
CORTEZ EDITORA
Rua Monte Alegre, 1074 — Perdizes
05014-001 — São Paulo-SP
Tel.: +55 11 3864 0111 / 3803 4800
e-mail: cortez@cortezeditora.com.br
www.cortezeditora.com.br

Impresso no Brasil — fevereiro de 2024

SUMÁRIO

Apresentação — Debates em torno da Base Nacional
Comum Curricular 7

1 Por uma BNCC democrática, federativa
e diferenciada 17

2 BNCC e a universalização do conhecimento 53

3 Base Nacional Comum Curricular é Currículo? 65

4 BNCC e Educação das novas gerações:
limites conceituais 101

5 *Habemus* Base, mas *Habemus* Freire 119

Referências 131

Referências sobre a BNCC 141

Apresentação

Debates em torno da Base Nacional Comum Curricular

Nas últimas três décadas, o Brasil tem experimentado um acelerado processo de mudança, tanto no que diz respeito às formas pelas quais a política se apresenta, quanto também pelo maior engajamento e expressividade das lutas sociais em defesa da democracia, da ética na política, e na defesa da escola e da educação como bem mais significativo da sociedade, capaz de conduzir a emancipação dos sujeitos sociais. Compartilhamos, contudo, com a ideia de Paulo Freire ao afirmar que a educação por si só não transforma a sociedade, tampouco a sociedade pode modificar-se sem ela. O que nos moveu a empreender este livro foi a ideia de refletir conjuntamente sobre as bases da Base Nacional Comum Curricular (BNCC), levando ao público de interesse — professores, estudantes, pesquisadores e demais interessados na temática — não apenas os debates em torno dela como também algumas questões e críticas que consideramos imprescindíveis para prosseguir com esta discussão, acalorada e interminável, como é a própria experiência do currículo, um campo de tensões e disputas contínuas.

No dia 15 de dezembro de 2017, a BNCC foi aprovada pelo Conselho Nacional de Educação, constituindo, a partir de sua terceira versão, um documento normativo que deverá servir como diretriz para a construção dos currículos das redes públicas e particulares de ensino nas instâncias municipais, estaduais e federais, para a Educação Infantil e Anos Iniciais do Ensino Fundamental. Para abrirmos os trabalhos, consideramos pertinente reunir nesta apresentação alguns dos mais profícuos escritos sobre a temática, de modo que o leitor tenha de início uma visão geral sobre as publicações que suscitaram os debates em torno da BNCC.

As discussões, relativas à construção de uma Base Nacional Comum Curricular, tiveram início no ano de 2012, quando as primeiras críticas em relação aos procedimentos de construção de um documento tão significativo para a educação começaram a ganhar visibilidade por meio de publicações acadêmicas.

Destacamos o papel fundamental das revistas científicas na difusão das ideias e concepções de currículo que vêm sendo discutidas e amplamente debatidas no meio universitário, em diálogo com a sociedade, com a produção de significativo substrato teórico, que possibilitou o início da crítica ao modo impositivo de pensar o currículo e a necessidade de adoção de uma perspectiva interativa, participativa, democrática e dialogada.

O ano de 2012 também marcou a criação da Associação Brasileira de Currículo (ABdC), e com ela houve também o incremento na produção e difusão acadêmica sobre currículo. A associação surge em um período de efervescência das discussões em torno da BNCC, mas não se restringe a ela; ao contrário, busca uma perspectiva crítica sobre a temática. Sob demanda da ABdC em parceria com as revistas *Teias* (UERJ), *e-Curriculum* (PUC-SP) e *Currículo sem fronteiras*, revista lusófona sediada no Rio Grande do Sul.

Para iniciar os trabalhos demandados pela ABdC, Ferraço e Carvalho organizam um dossiê temático para a revista *Teias*, vinculada à Universidade Estadual do Rio de Janeiro, sendo este o primeiro de uma série de dossiês temáticos, da mesma revista, que colocam em debate as questões curriculares suscitadas pela Base Nacional Comum Curricular. Os autores intitulam o dossiê de *Currículo: Problematização entre Práticas e Políticas*, cujo objetivo foi enfocar a relação entre práticas e políticas, tendo como princípio a necessidade de se considerar, nas pesquisas com os currículos, a compreensão de que as políticas são práticas, isto é, constituem ações de grupos políticos sobre questões específicas com a finalidade explicitada de mudar algo existente em algum campo de expressão humana. O que se traduz pela ideia de que as políticas são, necessariamente, práticas pessoais e coletivas dentro de um campo qualquer no qual há, sempre, lutas de posições diferentes e mesmo contrárias. Os autores afirmam que a proposta do Dossiê em questão é carregar o conceito de *práticas-políticas*, visto que, segundo eles, as práticas são políticas negociadas nas complexas redes cotidianas de saberes, fazeres e poderes das escolas e dos sistemas educacionais, constituindo-se como políticas de currículo.

No âmbito da revista *Currículo sem fronteiras*, houve o lançamento do dossiê *Contribuições aos sentidos sem fronteiras do currículo*, cujos organizadores foram Chizzotti e Amorim, em uma parceria interuniversidades. Nele, os autores analisam o currículo como parte nuclear dos debates sobre o conhecimento humano e afirmam que os currículos escolares devem estruturar propostas pedagógicas que deem acesso ao conhecimento a todos os cidadãos.

Já a revista *e-Curriculum* apresentou, em 2012, o dossiê *Currículo: políticas e cotidianos*, no qual as organizadoras Lopes e Oliveira afirmam que a recém-criada Associação Brasileira de Currículo (ABdC) assume, dentre outros, os objetivos de "realizar e fomentar estudos no campo do currículo" e "estimular a implantação de diferentes formas de difusão e divulgação de produções no campo do Currículo". Nesse dossiê temático, Lopes e Oliveira reúnem um conjunto de textos derivados de pesquisas e reflexões de autores com compreensões e atuação distintas em relação ao campo. Para as organizadoras, em comum, além da pesquisa em Currículo, as produções publicadas nessa proposta, compartilham a ideia de que é preciso considerar, de diferentes modos e a partir de diferentes enfoques teóricos, as influências mútuas entre as políticas curriculares e os cotidianos escolares quando se pretende estudar uns e outros.

Os Cadernos de Pesquisa, da Fundação Carlos Chagas, divulgaram em seção *Temas em Destaque*, um conjunto de artigos relativos às questões curriculares, organizado por Lopes, Macedo e Sousa. As organizadoras afirmam que o campo da política educacional é um dos mais desenvolvidos tanto no Brasil como no exterior. À medida que o controle estatal sobre a educação se amplia, crescem também as múltiplas análises produzidas no âmbito da pesquisa. De acordo com Lopes, Macedo e Sousa, o dossiê foi pensado em torno de textos de natureza mais teórica, que discutem o sentido de política educacional com o qual se opera na sua composição, seguido de um conjunto de estudos de políticas educacionais contemporâneas no que tange à educação básica.

No âmbito da revista *Teias*, houve a publicação, em 2013, do Dossiê *Currículo, Conhecimento e Experiências*. De acordo com Saul e Amorim, esse dossiê responde ao acordo firmado entre Revistas Científicas, proposto pela Associação Brasileira de Currículo (ABdC), com o objetivo de preparar e socializar números temáticos que visem à publicação de artigos que aprofundem a pesquisa e divulguem a produção sobre Currículo, no cenário nacional e internacional. Os autores ressaltam que o Currículo, por incluir a política, a teoria e a prática de toda a ação educativa, tem tido grande centralidade nas decisões educacionais. Tal afirmação indica que o currículo é o cerne da educação e por meio dele outras ações educativas, políticas, teórico-práticas são tomadas, criadas, recriadas, incrementadas, extintas ou modificadas. Para os autores, o currículo implica intencionalidades e uma construção epistemológica social que se fazem presentes na *práxis* político-pedagógica que atinge os sistemas educativos e são neles gestadas.

No ano de 2014, *Teias* apresenta o dossiê *Currículo, Políticas e Trabalho Docente*, que, conforme afirmam os organizadores Vieira e Garcia, essa foi uma incumbência, em nome da ABdC, para a reunião de novos estudos sobre a temática, elegendo, dessa vez, como tema central de problematização, a questão do trabalho docente, cujo objetivo é o de discutir as conexões e interfaces entre as reformas e as políticas curriculares contemporâneas e suas relações com o trabalho, problematizando as dimensões que envolvem conhecimento, formação e profissionalização do professorado. Lembramos que a formação docente é um ponto ainda em aberto na BNCC, o que dificulta não apenas a consolidação de uma Base Nacional Comum Curricular democrática, federativa e diferenciada, conforme propomos nesta obra.

No ano de 2014, Macedo e Süssekind apresentam, no âmbito da revista *e-Curriculum*, o dossiê *Debates em torno da ideia de Bases Curriculares Nacionais*. Nele, as autoras lembram que, em meados do mesmo ano, foi promulgado, depois de ampla discussão com a sociedade brasileira, o Plano Nacional de Educação (PNE) com vistas a pensar e projetar a educação Brasileira por dez anos. Para as autoras, trata-se de um documento constituído por 20 metas, que o próprio Plano divide em diferentes blocos: universalização da alfabetização, ampliação da escolaridade e das oportunidades, valorização da diversidade, valorização dos profissionais da educação, considerada estratégica, entre outras questões prementes da Educação Brasileira como um todo. Conforme afirmam Macedo e Süssekind, assim que foi divulgado o PNE, com a justificativa de que o plano faz menção a uma Base Nacional Comum Curricular, o Ministério da Educação intensificou e deu maior publicidade a um debate que já vinha travando em diferentes esferas e que já havia produzido um documento base assinado pela Secretaria de Educação Básica. Foram organizados Seminários, Consultas Públicas, consultas a municípios sobre suas propostas curriculares, as quais já vinham sendo patrocinadas pelo Ministério da Educação, Conselho Nacional de Educação, Conselho Nacional de Secretários de Educação, União dos Dirigentes Municipais de Educação, Senado Federal, para discutir a referida BNCC. Para as autoras, debate até então em curso reproduzia alguns dos argumentos utilizados, ao longo de mais de três décadas, na defesa e no ataque às tentativas de controle do currículo, mas não se restringiram a eles. Desde os anos 1990, as propostas de currículos nacionais, núcleos centrais (*common core*), bases curriculares surgiram em várias partes do mundo. E em vista disso, ambas resolveram dedicar um especial da *e-Curriculum*, a cargo da Associação Brasileira de Currículo, como mais uma contribuição para as discussões a que pesquisadores e sociedade vinham sendo convocados pelo MEC a participar, lembrando que a complexidade da temática merece um cuidadoso e amplo debate.

Em 2015, a revista *Teias* retorna com o dossiê organizado por Macedo e Ferreira, no âmbito das demandas suscitadas

BASE NACIONAL COMUM CURRICULAR

pela ABdC, com a proposta de discutir *A produção biopolítica das definições curriculares no Brasil contemporâneo*. Esse volume da revista conta, segundo os organizadores, com produções voltadas para a análise das relações entre os currículos e os modos de regulação social, operando com uma noção de poder produtivo e microfísico. O objetivo foi disseminar as produções sobre o tema, o que, como vimos até aqui, tem sido elaborado no campo e, simultaneamente, participar das políticas educacionais no país, uma vez que estava em curso a segunda versão da BNCC. Os autores alertam para o fato de estarmos vivenciando, desde então, momentos nos quais é notório o fechamento e a privatização de escolas públicas em várias partes do país, como parte de iniciativas oficiais mais amplas que expressam uma vontade de estandardização curricular, portanto, e de acordo com Macedo e Ferreira, cresce a importância da participação de coletivos organizados, nas lutas por significar os debates sobre aquilo que conta (e o que não conta) como conhecimento válido nos currículos e nas avaliações da educação básica.

O dossiê temático da Revista *Teias* em parceria com a Associação Brasileira de Currículo (ABdC), no ano de 2016, apresentou como tema central *O Avanço do Conservadorismo nas Políticas Curriculares*, e foi organizado por Thiessen e Gomes. O propósito que mobilizou os organizadores foi o de reunir e integrar em um dossiê pesquisas atuais do e no campo do currículo que evidenciassem como diferentes discursos sociais estavam se articulando e ganhando força para interferir nas relações da escola, do conhecimento, do trabalho e da formação docente, inclusive formulando prescrições curriculares e/ou de outras iniciativas completamente dissonantes com o que tem constituído o debate público e democrático sobre educação. Esse dossiê, segundo os autores, visou contribuir de forma efetiva, visando a mobilização de esforços de resistência e articulação no que se refere à luta contra os discursos conservadores que ganham mais espaço na sociedade e nas políticas curriculares.

Ainda em 2016, a Revista *EccoS* publica o dossiê *Políticas curriculares: Das discussões sobre a construção da Base Nacional Comum Curricular da Educação Básica (BNCC)*, organizado por Carlos Bauer e Antônio Joaquim Severino. Para os organizadores, o dossiê reafirma o valor e o papel imprescindível da BNCC e se propõe a fornecer subsídios analíticos e reflexivos para a sua construção coletiva e democrática, cuja continuidade também exige incisivo compromisso das autoridades responsáveis pela organização e efetivação da Base.

O ano de 2018 marca a retomada das discussões sobre a BNCC, com o lançamento do livro eletrônico, em versão preliminar, organizado por Luiz Fernandes Dourado e Márcia Angela Aguiar, intitulado *A BNCC na contramão do PNE 2014-2024: avaliação e perspectivas*. Nele, os organizadores reúnem diferentes autores, que, segundo eles, visam problematizar a concepção e os desdobramentos da implantação da BNCC no campo educacional e na relação com as demais políticas setoriais, remetendo as contribuições ao debate no contexto da Conferência Nacional Popular de Educação.

Mapeamos até aqui as principais publicações que abordam o tema em destaque neste livro. Nosso objetivo foi apresentar ao leitor os profícuos debates, ou boa parte deles, suscitados pela constituição de uma Base Nacional Comum Curricular.

Entendemos que a aprovação da BNCC não esgotou os debates como também não resolveu os problemas e lacunas nela observados durante sua elaboração e apresentação da versão final ao público.

Observamos como principais limites as evasivas quanto à formação de professores, a pouca clareza quanto aos recursos para o financiamento e efetivação de uma base nacional democrática, federativa e diferenciada. Observamos ainda a pouca participação de crianças e jovens nas definições da BNCC, a dissimulação de um processo de elaboração da BNCC falsamente democrático quando, na realidade, foi parcial, não acolhendo as críticas e os debates que ocorreram em paralelo a sua elaboração.

Com este livro, esperamos contribuir para este debate e aprofundar as questões aqui tratadas.

1

Por uma BNCC democrática, federativa e diferenciada

Está na agenda do país a elaboração de uma Base Nacional Comum Curricular (BNCC) a reger a estrutura dos componentes curriculares da educação básica da educação nacional em suas diferentes etapas. A etapa da educação infantil e do ensino fundamental já tiveram a aprovação do Conselho Nacional de Educação (CNE) e a homologação pelo Ministério da Educação. No momento, a etapa do ensino médio encontra-se em discussão no CNE.

O texto aqui trazido visa identificar como o ordenamento educacional formulou a constituição de currículos escolares por meio dos principais documentos normativos ao longo da nossa história até o atual Plano Nacional de Educação da Lei n. 13.005/2014. E busca, também, apontar quão complexa é essa formulação em sua relação com a cidadania e o federalismo.

A proposta de um currículo escolar de dimensão nacional se cruza com a evolução e a importância da educação escolar, sobretudo a chamada primária, elementar, primeiro grau ou fundamental, mas não só, entendida como direito do cidadão e dever do Estado. Uma primeira relação pode ser estabelecida entre um currículo *nacional* e o conceito de cidadania.

Mas não se pode olvidar que a questão curricular, em uma sociedade plural e complexa, envolve também interesses nem sempre convergentes. Daí que o currículo seja um espaço de conflito e de disputa, mas pelo processo democrático talvez se possa chegar a pontos comuns.

Do ponto de vista histórico, a cidadania remonta às revoluções próprias da Modernidade, envolvendo a Revolução Inglesa, a Americana e a Francesa. Elas tratavam de buscar um princípio que desconstruísse hierarquias sociais calcadas, seja no sangue, na religião ou mesmo na escravidão em confronto com uma aristocracia usufrutuária de privilégios. De certo modo, todas elas tinham como finalidade última o que afirma Schnapper (2000):

> O novo princípio de legitimidade afirmava a igualdade civil, jurídica e política dos indivíduos diversos e desiguais. O indivíduo-cidadão tinha a capacidade de arrancar, ao menos parcialmente, seus enraizamentos particulares e de entrar, de direito, em comunicação com todos os outros. Ele podia cessar de ser determinado por seu pertencimento a um grupo real. Ele era definido precisamente por sua capacidade de romper com as determinações que o fechavam em uma cultura e em um destino impostos por seu nascimento e de se libertar dos papéis prescritos. (p. 26)
>
> (...)
>
> Pela proclamação desta nova legitimidade, se encontrava posto um princípio de transcendência dos particularismos. Constituídos em "nação", para retomar a fórmula da Declaração dos Direitos do Homem e do Cidadão, os cidadãos cessavam de ser indivíduos concretos, caracterizados por suas origens históricas, suas crenças e suas práticas religiosas, seus pertencimentos sociais. (p. 26)

BASE NACIONAL COMUM CURRICULAR

Por outro lado, a cidadania passa a ser prerrogativa política na medida em que deslocou o sistema de poder *ex parte principis* — isto é, da parte do príncipe, do governante — para *o ex parte populi*, isto é, da parte do povo. Deslocou-se o poder da autoridade dos céus ou do sangue para a soberania popular. E os tempos vindouros, da Modernidade para os nossos dias, atribuíram à soberania popular a capacidade de eleger seus representantes, delegando a eles, de tempos em tempos, a soberania de que ele é titular.

A cidadania é, pois, a capacidade de participar autonomamente dos destinos de uma comunidade, alargando o raio dessa participação, podendo um governado postular também o de ser governante.

Muitas foram, contudo, as lutas para que essa definição simples e inteligível, desde Aristóteles, fosse se fazendo presente na consciência e na prática das nações.

O currículo escolar, junto com outros dispositivos, se enquadra na constituição de uma nação a qual tem a ver diretamente com a constituição dos Estados Nacionais. Desse modo, o currículo escolar se compõe com a busca de uma igualdade entre os cidadãos iguais na lei, perante a lei na declaração de direitos. Desse modo, a educação para todos torna-se uma função social do Estado de sorte a atender a um direito do cidadão que busca na educação escolar uma via de cidadania compartilhada com seus concidadãos e um acesso digno na partilha dos bens produzidos.

Thomas Marshall (1967), citando e comentando o pensamento do economista liberal neoclássico Alfred Marshall, assevera:

> (...) o Estado teria de fazer algum uso de sua força de coerção, caso seus ideais devessem ser realizados. Deve obrigar as crianças a frequentarem a escola porque o ignorante não pode apreciar e, portanto, escolher livremente as boas coisas que diferenciam a vida de cavalheiros daquela das classes operárias. (...)

Ele reconheceu somente um direito incontestável, o direito das crianças serem educadas, e neste único caso ele aprovou o uso de poderes coercivos pelo Estado... (p. 60 e 63)

Já o próprio Thomas H. Marshall (1967) afirma:

A educação das crianças está diretamente relacionada com a cidadania, e, quando o Estado garante que todas as crianças serão educadas, este tem em mente, sem sombra de dúvida, as exigências e a natureza da cidadania. Está tentando estimular o desenvolvimento de cidadãos em formação. O direito à educação é um direito social de cidadania genuíno porque o objetivo da educação durante a infância é moldar o adulto em perspectiva. Basicamente, deveria ser considerado não como o direito da criança frequentar a escola, mas como o direito do cidadão adulto ter sido educado. (p. 73)

Embora vários cruzamentos outros possam ser estabelecidos, pode-se dizer que um currículo *nacional* se cruza com uma função social do Estado que é o de atender a um direito do cidadão que busca na educação escolar uma via de cidadania compartilhada com seus concidadãos e um acesso digno na partilha dos bens produzidos.

O Currículo Oficial no ordenamento jurídico e normativo

Os estudos de história da educação no Brasil confirmam que essa dupla referência, a do direito à educação e a do dever do Estado, é tão tardia quão eivada de uma desigualdade social.

BASE NACIONAL COMUM CURRICULAR

Esta desigualdade, somada à discriminação, impactou o acesso a esta educação inicial.[1]

A Constituinte de 1823, logo após a Independência, antes de sua dissolução forçada, já se debatia com esta questão e não conseguiu efetivar a proposta de um "tractatus" de educação válido para toda a juventude brasileira, sob a forma de um compêndio a ser levado a todos os rincões do país. (Chizzotti, 1996)

A Constituição Imperial de 1824, conquanto outorgada pelo Imperador, assinalava, no Título reservado aos direitos da cidadania e pelo art. 179, n. 32, a instrução primária gratuita aos cidadãos. Sabe-se que aos escravos, considerados propriedade de outrem, um ser *semovente*, não cabia serem tidos como cidadãos, com isso casando desigualdade com discriminação.

Este dispositivo constitucional ganhou uma lei regulamentadora em vista de sua aplicação. Assim, a primeira lei geral de ensino do Brasil, assinada por D. Pedro I e publicada a 15/10/1827, prescrevia um currículo mínimo para todo o país no seu art. 6º:

> Os professores ensinarão a ler, escrever; as quatro operações de arithmética, prática de quebrados, decimaes e proporções, as noções mais geraes de geometria prática, a gramática da língua nacional, e os princípios de moral christã e da doutrina da religião cathólica e apostólica romana, proporcionados à compreensão dos meninos; preferindo para as leituras a Constituição do Império e da História do Brazil.

Entretanto, nada havia de imperativo em relação ao detalhamento desta lista como ementas, guias ou programas previamente

---

1. Este tópico teve como base, ora ampliada e revista, capítulo de livro do autor: Os Parâmetros Curriculares Nacionais e o Ensino Fundamental. In: BARRETTO, Elba Siqueira de Sá (Org.). *Os Currículos do Ensino Fundamental para as Escolas Brasileiras*. Campinas: Autores Associados; São Paulo: Fundação Carlos Chagas, 1998, p. 233-259.

definidos. Mais do que isso, estabelecia, como método de ensino, o *ensino mútuo* de corte lancasteriano.

Até 1834, o Império, enquanto detentor dos poderes gerais, teve a responsabilidade de manter tais escolas com *oferta gratuita* aos que viessem procurá-las.

O Ato Adicional de 1834 introduziu a divisão de competências entre os poderes gerais e as atribuições das Províncias relativas ao ensino. Entretanto, pelo art. 10, §1º e §2º, ficou-se na ambiguidade se tal responsabilidade deveria ser concorrente com os poderes gerais ou se privativa das províncias. Esta ambiguidade permeou as discussões sobre a dinâmica centralização x descentralização, mesmo antes de nossa República proclamada se dizer "Federativa". Daí o jogo de empurra entre os poderes gerais e os provinciais, evidenciando a não prioridade do ensino primário para nenhum dos níveis de governo.

De acordo com Sucupira (1996, citando Pimenta Bueno), após a crítica do Visconde à abstenção dos poderes gerais no que concerne à instrução primária, lê-se o seguinte:

> Entendemos, porém, que os poderes gerais não devem de modo algum abdicar a atribuição que esse mesmo parágrafo lhes confere de concorrer de sua parte para tão útil fim, e mui principalmente no intuito de criar uma educação nacional homogênea e uniforme, que gere e generalize o caráter brasileiro em todas as províncias... (p. 62)

Grosso modo, pode-se dizer que, pela descentralização havida, coube sempre às províncias, e depois aos estados, a competência em prover o ensino fundamental e sempre coube aos "poderes gerais" (depois União) o controle do ensino superior e em boa parte do ensino secundário (em especial na Capital do Império/República).

BASE NACIONAL COMUM CURRICULAR 23

A partir de 1837, com a criação do Colégio Pedro II, as disciplinas do ensino secundário passaram a contar com um centro de referência. As instituições de ensino das Províncias, oficiais ou não, conquanto não imperativamente, miravam-se no espelho dos currículos e até mesmo dos livros didáticos adotados pelo Colégio Pedro II. E se quisessem o reconhecimento de seus certificados, deveriam adotar o currículo do Pedro II.

Aqui importa referir-se às duas Reformas aprovadas ao longo do Império: a Couto Ferraz, do Decreto n. 1331-A, de 1854, e a Leôncio Ferraz, do Decreto n. 7247, de 1879. A primeira determinava o currículo do ensino primário no art. 47 e o do ensino secundário nos arts. 77 a 80. A segunda dispunha sobre o ensino nas escolas primárias e secundárias no art. 4º.

A existência de exames de admissão para o ingresso no primeiro ciclo do ensino secundário (Ginásio) criava uma situação em que aqueles exames condicionavam os conteúdos dos estudos anteriores ainda que pautados pela lei geral de 1827 nas Províncias.

Quanto à organicidade institucional da instrução primária, aí compreendido o currículo, durante o Império, deve ser buscada na legislação específica das Províncias. Contudo, não se pode abstrair que parte dessa instrução possuía uma dimensão doméstica, nem sempre se realizando em instituições escolares.[2]

A proclamação da República não altera significativamente esse quadro. Aliás, no que se refere à dinâmica direito x dever, a República não inscreveu em sua Constituição de 1891 sequer a afirmação da gratuidade do ensino primário. Tal possibilidade poderia vir a ser inscrita nas Constituições Estaduais.[3] Mas, por outro

---

2. Cf. Cury, 2013 e Vasconcelos, 2004.

3. A associação entre gratuidade e obrigatoriedade só foi inscrita nas Constituições Estaduais de Minas Gerais, Mato Grosso, Santa Catarina e São Paulo.

lado, a Lei Maior determinou a laicidade nos estabelecimentos oficiais de qualquer nível, inclusive os sob responsabilidade dos Estados e Municípios. (cf. CF/1891 art. 72, § 6°) Uma disciplina até então vigente no currículo geral das escolas do Império — a de doutrina religiosa católica — foi cortada dos currículos dos estabelecimentos oficiais da República.

Excetuada, porém, a presença paradigmática do Colégio Pedro II face ao ensino secundário, as competências face ao ensino primário e, em certa medida, face ao secundário, ficaram com os Estados ou Municípios os quais poderiam exercitar sua autonomia no âmbito dos currículos e na formação de docentes para esse nível de ensino. Também aqui, relativamente ao ensino secundário, continuava a operar a equiparação das instituições escolares com o Ginásio Nacional (depois Colégio Pedro II).

E não deixa de ser notável uma certa oscilação entre centralização e descentralização no âmbito das reformas educacionais na assim denominada Velha República. (cf. Marques Jr., 1967, e Tanuri, 1981). Entretanto, a temática do nacionalismo se implantando de modo bastante enfático fez com que, no terreno educacional, o governo federal nacionalizasse e financiasse as escolas primárias e normais, no Sul do país, estabelecidas em núcleos de população imigrada.[4]

E a já conhecida dispersividade regional em relação a um currículo básico não passou desapercebida dos movimentos sustentadores de uma democratização da rede pública escolar brasileira. (cf. Nagle, 1974) E tal foi o vigor desses movimentos, que a Revisão Constitucional de 1925-26 tratou do tema com

---

4. Esta é a primeira intervenção direta e financiada da União no ensino primário, por meio do Ministério da Justiça, nos Estados do Paraná, Rio Grande do Sul e Santa Catarina, respectivamente, mediante os Decretos: n. 13.175 de 6/9/1918, n. 13.390 de 8/1/1919 e n. 13.460 de 5/2/1919.

bastante abundância, em especial através do ângulo da formação de um "caráter nacional". (cf. Cury, 2003) A educação escolar mediaria vínculos nacionais através dos quais garantir-se-ia uma dimensão da coesão nacional. Tal mediação ganharia ímpeto pelo abalo trazido pelos movimentos sociais proletários e pelos movimentos políticos internos, com destaque para a Coluna Prestes. Contudo, não houve grandes mudanças face ao estabelecido em 1834, ressalvada a laicidade.

O que não quer dizer que só essa revisão houvesse buscado o princípio de uma diretriz geral e nacional para a educação. Sucessivos projetos de reforma do ensino público encaminhados por parlamentares, durante a chamada Velha República, não lograram êxito em seus propósitos. (Cf. Moacyr, 1944)

No que tange ao ensino superior e secundário, a definição minuciosa dos currículos pode ser verificada nas sucessivas reformas desses níveis levadas adiante pelos governos nacionais da Velha República. Tal é o caso da Reforma Benjamin Constant, pelo Decreto n. 981 de 8/11/1890. Modelar para o país, seu plano curricular seria o critério para qualquer tipo de equiparação, face aos seus similares estaduais ou livres. Esse Ministro promoveu a criação de um Conselho de Instrução Superior e aprovou o Regulamento das Instituições de Ensino Superior dependentes do Ministério da Instrução Pública por meio do Decreto n. 12.326, de 2/1/1891.

A segunda reforma é dada pelo Decreto n. 1.159, de 3.12.1892, assinado pelo Mal. Floriano e pelo Ministro Fernando Lobo, aprovando "para as instituições de ensino superior dependentes do Ministério da Justiça e Negócios Interiores" um código que mantém o ensino oficial superior da União como parâmetro de qualquer instituição congênere. Contém 317 artigos no corpo permanente do Código e mais 3 nas disposições transitórias. Minucioso no que se refere aos currículos do ensino secundário e superior.

A terceira reforma sob a República foi a do Decreto n. 3.890, de 1º de janeiro de 1901, assinado pelo Presidente Campos Salles e por Epitácio Pessoa, Ministro da Justiça e Negócios Interiores. Ele estabelece um outro Código dos Institutos Oficiais do Ensino Superior e Secundário. Com 384 artigos e mais três nas disposições provisórias.

A quarta reforma é sancionada pelo presidente Hermes da Fonseca e o Ministro Rivadávia Correia, por meio do Decreto n. 8.659, de 5 de abril de 1911. Inspirado na doutrina positivista, a Lei Orgânica do Ensino Superior e do Fundamental na República, com 140 artigos, será o primeiro documento em que a desoficialização do ensino secundário e superior no âmbito federal é explicitamente assumida.

Com 201 artigos, dos quais 144 no corpo permanente, o Decreto n. 11.530, de 18 de março de 1915, assinado pelo presidente Wenceslau Braz e por Carlos Maximiliano, ministro da Justiça e Negócios Interiores, "reorganiza o ensino secundário e o superior na República" pela quinta vez.

A sexta e última reforma da Velha República é a denominada reforma João Alves, Ministro da Justiça e Negócios Interiores, também conhecida como reforma Rocha Vaz, assinada pelo presidente Artur Bernardes, data de 13 de janeiro de 1925, é também referida pelo Decreto n. 16.782-A, que a estabeleceu. O decreto contém 310 artigos.

A Revolução de 30 haveria de trazer algumas alterações significativas no quadro até então existente.

O ano de 1931 traz, pelo menos, três importantes mudanças: a (re)introdução do ensino religioso nas escolas oficiais em nível nacional pelo Decreto n. 19.941, de 1931, a oficialização dos estabelecimentos do ensino secundário, via aceitação do regimento e currículos do Pedro II, e a criação do Conselho Nacional de

Educação pelo Decreto n. 19.850, de 1931, órgão consultivo e opinativo do Ministério da Educação e Saúde Pública, de cujas atribuições fazia parte *firmar as diretrizes gerais do ensino primário, secundário e superior*, de tal modo que nelas os *interesses do país* se sobrepujassem a qualquer outro.

Nesse sentido, há que se referir à Reforma do Ensino Secundário promovida por Francisco Campos própria do Decreto n. 19.890, de 1931. Dividido em ciclo fundamental de 5 anos e complementar de 2 anos, assim se distribuíam as matérias:

Art. 3º. Constituirão o curso fundamental as matérias abaixo indicadas, distribuídas em cinco anos, de acôrdo com a seguinte seriação:
1ª serie: Português — Francês — História da Civilização — Geografia — Matemática — Ciências Físicas e naturais — Desenho — Música (canto orfeônico).
2ª serie: Português — Francês — Inglês — História da Civilização — Geografia — Matemática — Ciências físicas e naturais — Desenho — Música (canto orfeônico).
3ª serie: Português — Francês — Inglês — História da civilização — Geografia — Matemática — Física — Química — História natural — Desenho — Música (canto orfeônico).
4ª serie: Português — Francês — Latim — Alemão (facultativo) — História da civilização — Geografia — Matemática — Física — Química — História natural — Desenho.
5ª serie: Português — Latim — Alemão (facultativo) — História da civilização — Geografia — Matemática — Física — Química — História natural — Desenho.

O ciclo complementar assim se distribuía:

Art. 4º. O curso complementar, obrigatório para os candidatos á matricula em determinados institutos de ensino superior, será feito em dois anos de estudo intensivo, com exercícios e trabalhos práticos individuais, e compreender as seguintes matérias: práticos individuais, e compreenderá as seguintes matérias: Alemão ou Inglês, Latim, Literatura, Geografia, Geofísica e Cosmografia, História da Civilização, Matemática, Física, Química, História Natural, Biologia Geral, Higiene, Psicologia e Lógica, Sociologia, Noções de Economia e Estatística, História da Filosofia e Desenho.

Note-se o caráter minucioso e obrigatório para o conjunto desses ensinos e que para os estabelecimentos estaduais continuava a vigorar o princípio da equiparação.

O *Manifesto dos Pioneiros da Educação Nova*, no interior de movimentos civis em prol da valorização da educação, além da defesa da gratuidade, obrigatoriedade e laicidade da escola pública como dever do Estado, afirmará a importância de um processo de homogeneização básica, a partir da escola primária, visando *a identidade da consciência nacional* sem prejuízo do princípio federativo. Homogeneização básica defendida como alternativa criadora à uniformidade rejeitada, esta aliás bastante distante dos métodos ativos defendidos pelo escolanovismo.

A Constituição de 1934, ao inscrever a educação como direito do cidadão e obrigação dos poderes públicos, a tornou gratuita e obrigatória no primário, responsabilizou os Estados em termos de sua efetivação, impôs percentuais vinculados para o bom êxito desta efetivação (cf. CF/34 capítulo sobre Educação) e firmou a existência de Conselhos Estaduais ao lado do Conselho Nacional de Educação a quem competiria elaborar o Plano Nacional de Educação (cf. art. 152). Ela introduziu também a competência privativa da União no estabelecimento de diretrizes da educação nacional e na fixação do Plano Nacional de Educação (cf. art. 5, XIV), sem deixar de reconhecer a competência concorrente da

BASE NACIONAL COMUM CURRICULAR

União e Estados quanto ao objetivo de difundir em todos os graus a instrução pública (cf. art. 10, VI). Mais especificamente face à questão curricular, a Constituição de 1934 impôs como constante dos currículos oficiais o ensino religioso como disciplina de oferta obrigatória e matrícula facultativa. Tal dispositivo atravessará todas as Constituições Federais após 1934. (cf. Cury, 1993; Horta, 1993)

Dentro desse espírito que congregava a tarefa de fazer cumprir a Constituição, o então o governo eleito de Vargas em 1934 reorganiza o Conselho Nacional de Educação pela Lei n. 174, de 6 de janeiro de 1936, com a função precípua de elaborar o Plano Nacional de Educação. Para a elaboração desse Plano, mais uma lei de diretrizes e bases do que um plano, havia comissões específicas para todos os níveis e graus do ensino.

Já no discurso de instalação das reuniões especiais para a elaboração do Plano, Gustavo Capanema, Ministro de Estado da Educação e Saúde, assim se expressou a respeito do ensino primário:

> Quanto ao ensino primário, que cumpre incentivar intensamente em todo País, pois, cerca de 60% de nossa população infantil em idade escolar não dispõem de escola, bem é que se padronizem, ainda que com o mínimo de característicos, diferentes tipos de cursos, que possam ser adequadamente, e com facilidade, adotados nos vários pontos do território nacional, nas zonas urbanas e rurais, afim de que, fazendo-se rápida difusão da educação primária, se facilite a formação de fundo comum uma enorme e rica variedade de psique brasileira.

Em uma das respostas de retorno ao Conselho, a partir do questionário enviado pelo colegiado, o Instituto Histórico e Geográfico Brasileiro assim respondeu quanto à escola primária:

O padrão da escola primária deve ser um só em todo o país, convindo apenas, quanto aos horários e divisão dos dois períodos letivos anuais, que haja um tipo especial para as escolas rurais, porquanto as condições de vida doméstica no campo divergem bastante das da cidade... (p. 11)

O projeto enviado para a Câmara dos Deputados assim dispunha sobre o ensino primário e currículo:

Art. 45 — A instrução ministrada nas escolas primárias deverá abranger, no mínimo, o ensino das seguintes disciplinas: leitura, escrita e linguagem; aritmética prática; noções de geometria e desenho, geografia do Brasil e noções de geografia geral; História do Brasil; noções de ciências físicas e naturais e de higiene; cantos corais e ginástica.

§ único: A União promoverá acordo com os Estados e o Distrito Federal para o fim de estabelecer os diferentes padrões de duração do curso primário e os programas mínimos correspondentes.

Já o ensino secundário era objeto dos art. 51 a 64. Os art. 53 e 54 dispunham, respectivamente:

As matérias do ciclo fundamental são as seguintes: Português, Francês, Latim, Inglês ou Alemão, Grego (facultativo), Matemática, Geografia, História, História do Brasil, Desenho, Física, Química e História Natural.

As matérias do ciclo complementar são as seguintes: Português, Latim, Inglês ou Alemão, Italiano, Castelhano, Grego, Matemática (abrangendo Cosmografia), História, História do Brasil, Geografia, Física, Química, História Natural e Filosofia.

O art. 57 distribuía essas matérias em horário semanal em número de horas, respectivamente, por 5 e 2 séries anuais.

Os arts. de 23 a 25 regulavam o ensino religioso de oferta obrigatória e de matrícula facultativa, abrangendo o ensino primário, secundário, profissional e normal.

Esse caráter minucioso abrangia também os currículos de todas as áreas do ensino superior, ensino profissional e curso normal.

Em sua tramitação pela Câmara, Raul Bittencourt, relator, pasmo com os 504 artigos e sua minudência, afirmou que a organização da educação nacional sob a Constituição de 1891 não teria sido efetivada no seu todo. Ela acabou sendo uma organização dual na qual *a União açambarcava a competência relativa a ensino secundário e superior e sobre eles legislava com exclusividade, para todo o país. Aos Estados só restou legislarem sobre o ensino primário.*

Em um outro momento de grande agudeza de visão, ele escreve:

A par da democracia, a Carta de 1891 consagrava a Federação, os Estados autônomos, com liberdade relativa, sujeitos a princípios gerais, e só a União soberana. Quando se tratava da educação primária, entretanto, os Estados se comportavam como nações livres e quando consideravam os problemas do ensino secundário e superior os Estados eram reduzidos a departamentos de um governo central, como se fôramos uma República Unitária. (*Diário do Poder Legislativo,* de 24/8/1937, p. 39.889)

Com 504 artigos, estende-se por todos os setores da educação, não apenas para lhes ditar princípios normativos gerais, porém, descendo a minúcias só cabíveis na organização dos sistemas educativos, ou até em regulamentos e instruções, e, destarte, sufoca as iniciativas da legislação estadual complementar anquilosando o instrumento flexível com que a Constituição dotou o país para congregar as atividades educacionais de todos os poderes públicos. (idem, p. 39.894)

Esse Plano foi abortado pelo golpe de 1937.

De todo o modo, se para o ensino secundário vai havendo, cada vez mais, a presença paradigmática do currículo do Colégio Pedro II, a instrução primária, vista deste ângulo, confirma-se como competência dos Estados.[5]

Esta orientação federalista, tanto descentralizadora quanto garantidora de aspectos nacionais firmada no princípio da educação como direito do indivíduo, impressa pela Constituição de 1934, foi rompida pela outorga da Constituição de 1937. Esta voltava a centralizar quase tudo no âmbito do executivo federal. Não reconhecendo a educação como direito de todos, mas como dever das famílias, cortando a vinculação obrigatória, previa como competência privativa da União a fixação das "diretrizes da educação nacional". Mesmo quando o Estado Novo procurou discriminar atribuições de Estados e Municípios pelo Decreto-lei de 8 de abril de 1939, impunha claros limites à atuação dos mesmos.

No âmbito da educação, os decretos-lei estaduais só teriam vigência após aprovação do chefe de Estado aí compreendida a regulamentação do ensino primário. E o Estado Novo traria outros dispositivos.

A criação do Instituto Nacional do Livro (INL), pelo Decreto-lei n. 93, de 21 de dezembro de 1937, sob a direção de Gustavo Capanema, imprimiu nos currículos uma espécie de ideologia oficial nos textos, já que os livros, para efeito de publicação e de divulgação, deveriam ter a autorização do Departamento de Imprensa e Propaganda (DIP).

O DIP censurava os livros em geral, embora o livro didático ficasse a cargo do Ministro da Educação. Já o Decreto-lei

---

5. Nunca é demais insistir na necessidade de maiores investigações quanto aos currículos e programas nas unidades federadas.

n. 1.006/38 estabelece que "sem autorização do Ministério", os livros didáticos "não poderão ser adotados no ensino das escolas pré-primárias, primárias, normais, profissionais e secundárias em toda a República". (Pereira, 1995, p. 148) Esse último decreto-lei cria também a Comissão Nacional do Livro Didático, à qual competiria autorizar ou não uma determinada obra.

A Lei Orgânica do Ensino Primário do Decreto-lei n. 8.529/46, assinada por José Linhares após a deposição de Vargas, impunha disciplinas válidas e obrigatórias para todo o território nacional no ensino primário elementar, no primário complementar e no supletivo:

> **Art.** 7º O curso primário elementar, com quatro anos de estudos, compreenderá:
> I. Leitura e linguagem oral e escrita.
> II. Iniciação matemática.
> III. Geografia e história do Brasil.
> IV. Conhecimentos gerais aplicados à vida social, à educação para a saúde e ao trabalho.
> V. Desenho e trabalhos manuais.
> VI. Canto orfeônico.
> VII. Educação física.
> **Art.** 8º O curso primário complementar, de um ano, terá os seguintes grupos de disciplinas e atividades educativas:
> I. Leitura e linguagem oral e escrita.
> II. Aritmética e geometria.
> III. Geografia e história do Brasil, e noções de geografia geral e história da América.
> IV. Ciências naturais e higiene.
> V. Conhecimentos das atividades econômicas da região.
> VI. Desenho.
> VII. Trabalhos manuais e práticas educativas referentes às atividades econômicas da região.

VIII. Canto orfeônico.

IX. Educação física.

Parágrafo único. Os alunos do sexo feminino, aprenderão, ainda, noções de economia doméstica e de puericultura.

Art. 9° O curso supletivo, para adolescentes e adultos, terá dois anos de estudos, com as seguintes disciplinas:

I. Leitura e linguagem oral e escrita.

II. Aritmética e geometria.

III. Geografia e história do Brasil.

IV. Ciências naturais e higiene.

V. Noções de direito usual (legislação do trabalho, obrigações da vida civil e militar).

VI. Desenho.

Parágrafo único. Os alunos do sexo feminino aprenderão, ainda, economia doméstica e puericultura.

(...)

Art. 12. O ensino primário obedecerá a programas mínimos e a diretrizes essenciais, fundamentados em estudos de caráter objetivo, que realizem os órgãos técnicos do Ministério da Educação e Saúde, com a cooperação dos Estados.

Parágrafo único. A adoção de programas mínimos não prejudicará a de programas de adaptação regional, desde que respeitados os princípios gerais do presente decreto-lei.

Art. 13. E lícito aos estabelecimentos de ensino religioso. Não poderá, porém esse ensino constituir objeto de obrigação de mestres ou professores, nem de freqüência obrigatória para os alunos.

Programas regionais teriam o caráter de complementar a programação geral fixada pelo Ministério para todo o país.

O decreto-lei ainda regula minuciosamente os sistemas de ensino primário e os enquadra em uma espécie de estrutura e funcionamento dos mesmos.

BASE NACIONAL COMUM CURRICULAR 35

Embora não viessem à luz durante a ditadura, as Leis Orgânicas relativas ao ensino primário, normal e agrícola, preparadas durante o regime varguista através de comissões nacionais, tiveram continuidade sob o Estado de Direito da Constituição de 1946.

Tal fenômeno se deu devido ao longo processo de tramitação da Lei de Diretrizes e Bases da Educação Nacional, aprovada em 1961. Com isso, houve um relativo choque entre a orientação estadonovista, centralizadora e autoritária, e aquela promanada da Constituição liberal e descentralizadora de 1946.

Com efeito, a Constituição de 1946, ao repor o Estado de Direito, traz consigo também a dimensão liberal-descentralizadora e reinsere a educação como direito do indivíduo e obrigação do poder público. Também são repostos os preceitos de 1934 que a ditadura havia cortado. A definição da lei de diretrizes e bases permanece como competência privativa da União. E o choque entre ambas as orientações supramencionadas será eliminado pelos termos de compromisso trazidos com a promulgação das Diretrizes e Bases da Educação Nacional da Lei n. 4.024, de 1961.

Esta, excetuadas as disciplinas obrigatórias impostas a todos os sistemas de ensino, como educação física e ensino religioso facultativo, deixava aos Estados ampla liberdade na construção de conteúdos curriculares. Isto quer dizer que determinadas disciplinas constavam nacionalmente dos currículos, mas seus conteúdos não tinham definições específicas por parte da União.[6]

A Lei n. 4.024/61 não fixa um currículo mínimo obrigatório para o ensino primário. Mas o art. 25 assinala que o *fim* deste

---

6. No projeto de LDB proposto por Clemente Mariani em 1946 pode-se ler no art. 66 que seria competência do Estado aperfeiçoar e baratear o livro didático. Além do que os livros didáticos para serem divulgados nas escolas deveriam ser registrados no Ministério e quando "impróprios aos fins educativos" seriam proibidos, ouvido o Conselho Nacional de Educação.

nível de ensino é *o desenvolvimento do raciocínio e das atividades de expressão da criança e a sua integração no meio físico e social.*[7]

Essa lei, criando o Conselho Federal de Educação, extinto o Conselho Nacional de Educação, dava a este várias atribuições como as que seguem:

> **Art.** 9° Ao Conselho Federal de Educação, além de outras atribuições conferidas por lei, compete:
>
> (...)
>
> e) indicar disciplinas obrigatórias para os sistemas de ensino médio (artigo 35, parágrafo 1°) e estabelecer a duração e o currículo mínimo dos cursos de ensino superior, conforme o disposto no artigo 70;
>
> **Art.** 20. Na organização do ensino primário e médio, a lei federal ou estadual atenderá:
>
> a) à variedade de métodos de ensino e formas de atividade escolar, tendo-se em vista as peculiaridades da região e de grupos sociais;
>
> b) ao estímulo de experiências pedagógicas com o fim de aperfeiçoar os processos educativos.
>
> (...)
>
> **Art.** 35. Em cada ciclo haverá disciplinas e práticas educativas, obrigatórias e optativas.
>
> § 1° Ao Conselho Federal de Educação compete indicar, para todos os sistemas de ensino médio, até cinco disciplinas obrigatórias, cabendo aos conselhos estaduais de educação completar o seu número e relacionar as de caráter optativo que podem ser adotadas pelos estabelecimentos de ensino.
>
> § 2° O Conselho Federal e os conselhos estaduais, ao relacionarem as disciplinas obrigatórias, na forma do parágrafo anterior, definirão a amplitude e o desenvolvimento dos seus programas em cada ciclo.

---

7. No mesmo projeto, Mariani defendia a "unicidade do sistema educacional cujas variedades estaduais obedecerão ao princípio de equivalência pedagógica em substituição ao falso princípio da uniformidade pedagógica". (p. 328)

§ 3º O currículo das duas primeiras séries do 1º ciclo será comum a todos os cursos de ensino médio no que se refere às matérias obrigatórias.

Art. 36. O ingresso na primeira série do 1º ciclo dos cursos de ensino médio depende de aprovação em exame de admissão, em que fique demonstrada satisfatória educação primária, desde que o educando tenha onze anos completos ou venha a alcançar essa idade no correr do ano letivo.

(...)

Art. 70. O currículo mínimo e a duração dos cursos que habilitem à obtenção de diploma capaz de assegurar privilégios para o exercício da profissão liberal... vetado... serão fixados pelo Conselho Federal de Educação.

O CFE, instalado em 12 de fevereiro de 1962, prevê uma comissão de ensino primário e médio e, quanto ao primário, a Portaria n. 60, de 21 de fevereiro de 1962, prevê a competência do Conselho na *análise dos efeitos da ação supletiva* da União face a esta modalidade de ensino.

Ora, o Conselho Federal de Educação, no interior do Parecer n. 121/63, ao discutir os exames de admissão disposto no art. 36 da LDB, *reconhece 4 grandes departamentos do ensino primário*: língua pátria, aritmética, ciências naturais e ciências sociais. E o mesmo parecer se socorre do PABAEE/MG para um detalhamento da consistência conteudística dessas quatro áreas. E reconhece não só a autonomia dos Estados a este respeito, como também a existência de escolas com atividades "assistemáticas" de ação educativa e de instrução no lar.

O que é novo na Lei n. 4.024/61 é a permissão dada pelo art. 104 de se constituírem escolas experimentais com currículos próprios, o que faz jus ao art. 12 da mesma em que se reconhece a correlação "sistemas de ensino" e "flexibilidade dos currículos".

O regime autoritário-militar de 1964 manteve *pro forma* o funcionamento precário das Constituições e do Congresso. Ele procurou também deixar sua marca na educação escolar. Contudo, no que se refere ao regimento do CFE, trazido pelo Decreto n. 64.902, de 29 de julho de 1969, o art. 3º, inciso 2, ao expressar a competência do Plenário em interpretar a LDB, ressalvava a "competência dos sistemas estaduais do ensino, definida na Lei n. 4.024, de 20 de dezembro de 1961".

Grande mudança, entretanto, será trazida pela Lei n. 4.024/61, com a redação dada pela Lei n. 5.692/71, no que se refere ao ensino primário. Ampliado para oito anos pela Constituição de 1967, agora sob a nova denominação de "ensino de 1º. grau", ele compreenderá tanto o que antes era o ensino primário (4 anos) quanto o que era o 1º. ciclo do ensino médio (ginásio/4 anos).

O ensino de primeiro grau passou, então, a ter 8 anos obrigatórios. De acordo com esta lei:

Art. 4º Os currículos do ensino de 1º e 2º graus terão um núcleo comum, obrigatório em âmbito nacional, e uma parte diversificada para atender, conforme as necessidades e possibilidades concretas, às peculiaridades locais, aos planos dos estabelecimentos e às diferenças individuais dos alunos.

§ 1º Observar-se-ão as seguintes prescrições na definição dos conteúdos curriculares:

I — O Conselho Federal de Educação fixará para cada grau as matérias relativas ao núcleo comum, definindo-lhes os objetivos e a amplitude.

II — Os Conselhos de Educação relacionarão, para os respectivos sistemas de ensino, as matérias dentre as quais poderá cada estabelecimento escolher as que devam constituir a parte diversificada.

III — Com aprovação do competente Conselho de Educação, o estabelecimento poderá incluir estudos não decorrentes de materiais relacionadas de acôrdo com o inciso anterior.

BASE NACIONAL COMUM CURRICULAR

§ 2º No ensino de 1º e 2º graus dar-se-á especial relêvo ao estudo da língua nacional, como instrumento de comunicação e como expressão da cultura brasileira.

§ 3º Para o ensino de 2º grau, o Conselho Federal de Educação fixará, além do núcleo comum, o mínimo a ser exigido em cada habilitação profissional ou conjunto de habilitações afins.

§ 4º Mediante aprovação do Conselho Federal de Educação, os estabelecimentos de ensino poderão oferecer outras habilitações profissionais para as quais não haja mínimos de currículo prèviamente estabelecidos por aquêle órgão, assegurada a validade nacional dos respectivos estudos.

Art. 5º As disciplinas, áreas de estudo e atividades que resultem das matérias fixadas na forma do artigo anterior, com as disposições necessárias ao seu relacionamento, ordenação e seqüência, constituirão para cada grau o currículo pleno do estabelecimento.

§ 1º Observadas as normas de cada sistema de ensino, o currículo pleno terá uma parte de educação geral e outra de formação especial, sendo organizado de modo que:

a) no ensino de primeiro grau, a parte de educação geral seja exclusiva nas séries iniciais e predominantes nas finais;

b) no ensino de segundo grau, predomine a parte de formação especial.

(...)

Art. 7º Será obrigatória a inclusão de Educação Moral e Cívica, Educação Física, Educação Artística e Programas de Saúde nos currículos plenos dos estabelecimentos de 1º e 2º graus, observado quanto à primeira o disposto no Decreto-Lei n. 369, de 12 de setembro de 1969.

Parágrafo único. O ensino religioso, de matrícula facultativa, constituirá disciplina dos horários normais dos estabelecimentos oficiais de 1º e 2º graus.

Art. 8º A ordenação do currículo será feita por séries anuais de disciplinas ou áreas de estudo organizadas de forma a permitir, conforme o plano e as possibilidades do estabelecimento, a inclusão de opções que atendam às diferenças individuais dos alunos e, no ensino de 2º grau, ensejem variedade de habilitações.

Extenso e detalhado comentário sobre o núcleo comum dos currículos nacionais será trazido pelo Parecer CFE n. 853/71 e Resolução CFE n. 8/71, logo após a publicação da Lei n. 5.692/71. E num momento do parecer, lê-se claramente:

> Por já virem tais atividades prescritas no art. 7º da lei, só as consideraremos aqui na medida em que tenhamos de relacioná-las com os demais componentes do currículo. Associado a elas, o núcleo comum configura o conteúdo mínimo abaixo do qual se terá por incompleta qualquer formação de 1º e de 2º graus, assim quanto aos conhecimentos em si mesmos como, sobretudo, do ponto de vista da unidade nacional de que a escola há de ser causa e efeito a um tempo. Daí a sua obrigatoriedade.

Já se vê que o Conselho Federal foi, como dantes o fora o Conselho Nacional, o órgão responsável pela tradução desses conteúdos mínimos para todo o conjunto do sistema escolar brasileiro. Assim, o regimento do CFE, de acordo com a Portaria Ministerial n. 691/81, define, no seu art. 2º, XVIII, como sua competência

> fixar as matérias do núcleo comum dos cursos de 1º e 2º graus, definindo-lhes os objetivos e amplitude, bem como o mínimo a ser exigido em cada habilitação profissional ou conjunto de habilitações afins.

E na organização do CFE como colegiado se prevê uma Câmara de Ensino de 1º e 2º graus e uma Comissão Central de Currículos.[8]

---

8. Eis aqui um campo pouco explorado nas pesquisas da Pós-Graduação em Educação.

Com isso, foram se consubstanciando duas orientações relativamente recorrentes: a primeira, de certo modo já posta pelo Ato Adicional de 1834, a de que o ensino fundamental é competência dos Estados e Municípios e a de que o ensino superior tenha um maior controle por parte da União, ficando o ensino de segundo grau como espaço das competências concorrentes e/ou comuns. A segunda é a de que o estabelecimento de diretrizes e bases para educação nacional continua sendo competência privativa da União e sua tradução específica, no que se refere aos mínimos programáticos, seja elaborada através de um Conselho Nacional (1931-1961) ou Federal de Educação (1961-1994).

Com a redemocratização e a elaboração da Constituição de 1988, muitas alterações aconteceram e que abrangeram toda a organização da educação nacional. Contudo, as orientações suprarreferidas, ainda que recepcionadas por novos dispositivos colocados pela Constituição Federal de 1988 quanto à gratuidade, gestão democrática, direito público subjetivo, municipalização e outros, foram nela reafirmadas, sem, contudo, se fazer referência à existência de um Conselho Nacional ou Federal (que só aparecerá nas propostas de LDB).

Esses dispositivos representaram um avanço pelo intenso processo de participação que norteou os educadores no afã de garantir na própria Constituição uma resposta, em termos de princípios, aos problemas sentidos na área.

A longevidade da tramitação do projeto de LDB, a mudança das condições internacionais no que se refere à correlação trabalho/emprego, a vontade da União em diminuir seus gastos, a necessidade de especificar a vinculação orçamentária e sobretudo a consciência da importância do ensino fundamental, — de cuja situação lamentável o país mais uma vez reconhece —, obrigaram a que tanto parlamentares quanto o executivo tomassem iniciativas mais rápidas no enfrentamento da questão.

Por outro lado, a educação escolar foi definida (ainda que de modo especificado em alguns aspectos e nem tanto em outros) competência privativa da União, competência concorrente entre União e Estados e competência comum entre União, Estados e Municípios, segundo os arts. 22, XXIV; 24, IX e 23, V, respectivamente. Sob a égide do "regime de colaboração", de acordo com o art. 211, o art. 24, parágrafo 1°, diz que "no âmbito da legislação concorrente, a competência da União limitar-se-á a estabelecer normas gerais". Finalmente, o art. 30 supõe a ação supletiva da União e dos Estados em relação à obrigação dos municípios em manter uma rede de ensino voltada para o pré-escolar e o fundamental.

Urgia, pois, o enfrentamento da questão curricular por meio da lei de diretrizes e bases, até porque o texto constitucional, em seu art. 210, reza que "serão fixados conteúdos mínimos para o ensino fundamental, de maneira a assegurar formação básica comum e respeito aos valores culturais e artísticos, nacionais e regionais".

O tom imperativo não deixa dúvida. Não menos claro é o adjetivo "mínimo". E se "serão fixados", alguém deve ser o responsável. A tradição dessa matéria constata iniciativa do Executivo através do Conselho Nacional (Federal) de Educação.[9] Mas o Congresso seria um sujeito legítimo tanto quanto a sociedade por meio de um projeto de lei, fazendo uso do mecanismo da iniciativa popular (cf. art. 14 e art. 61, parágrafo 2°).

Nesse sentido, torna-se ilustrativo citar o projeto de Lei de Diretrizes e Bases da Educação Nacional em tramitação em 1994 no Congresso que dizia, em seu art. 10, inciso IV, que a União

---

9. A CF/88 traz em seu conjunto várias entradas no currículo. Há o ensino religioso (art. 210, parágrafo 1°), há a indicação de educação e etnia (art. 210, parágrafo 2°), há a correlação educação e herança cultural (art. 242, parágrafo 4°), além de várias sugestões transversais como meio ambiente (art. 225, VI) e desporto (art. 217, II).

deve "estabelecer, em colaboração com os Estados, o Distrito Federal e os Municípios, competências e diretrizes para a educação infantil, o ensino fundamental e o ensino médio, que nortearão os currículos e os seus conteúdos mínimos, de modo a assegurar formação básica comum".

Outro documento importante sobre o assunto é Plano Decenal de Educação para Todos (1993). Esse documento, de cuja declaração o Brasil é signatário, expressa uma agenda de compromissos assumidos na Conferência de Jomtien. Contando com a sociedade civil e com a presença significativa do governo federal, esse documento deu uma redação equilibrada aos atores políticos de tal modo que o MEC, ouvida a sociedade civil, torna-se proponente das diretrizes curriculares em atenção ao dispositivo da "fixação dos conteúdos mínimos determinados pela Constituição" como uma de suas linhas de ação estratégica:

> O MEC, com o concurso das representações educacionais e da sociedade, deverá propor e especificar os conteúdos nacionais capazes de pautar a quantidade de educação socialmente útil e de caráter universal a ser oferecida a todas as crianças, consideradas suas diferenças. Complementações curriculares serão propostas em cada sistema de ensino e escolas, respeitando a pluralidade cultural e as diversidades locais. Igualmente pesquisas serão desenvolvidas para fundamentar avanços no âmbito das competências sociais, visando enriquecer o processo curricular da escola. (p. 45)

Este mesmo documento não se priva de reconhecer:

> As reformas educacionais das últimas décadas não levaram em conta a diversidade cultural e econômica, a dimensão federalista do País nem as iniciativas locais e regionais de solução dos problemas.

A experiência centralizadora tem distanciado a escola da comunidade, uma vez que os mecanismos de controle se situam em uma instância distante, incapaz de operá-los com consequência. O sistema educacional tem-se caracterizado por elevado coeficiente de inércia que constrange a disposição para melhorar, agir cooperativamente, adotar inovações e incorporar avanços cognitivos e tecnológicos nos processos de ensino e de gestão escolar. (p. 27)

Em certa medida, esse texto do Plano Decenal fez eco à proposta de LDB, Projeto de Lei Complementar n. 101/93, do senador Cid Saboia de Carvalho, ao dizer, em seu art. 23, VI, que cabe ao Conselho Nacional de Educação:

fixar, após ouvir educadores e comunidades científicas das áreas envolvidas, diretrizes curriculares gerais, definindo uma base nacional de estudos para o ensino fundamental, médio e superior de educação.

Essa formulação resume o conteúdo mais explícito e detalhado sobre o assunto tal como já estava expresso no mesmo artigo 23, VI, do projeto pelo qual caberia ao Conselho Nacional de Educação "fixar as diretrizes curriculares gerais, definindo uma base nacional de estudos para cada nível de ensino". Já o art. 34, além de reconhecer a competência dos Estados e/ou Municípios na plenificação do currículo, além de estimular a vida concreta dos estudantes como ponto de partida, diz, no seu *caput*, que "os currículos do ensino fundamental e médio abrangerão, obrigatoriamente, o estudo de língua portuguesa e da matemática, o conhecimento do mundo físico e natural e da realidade social e política, especialmente do Brasil".

Finalmente, deve-se registrar a (re)criação do Conselho Nacional de Educação através da Lei n. 9.131/95. A lei de criação

BASE NACIONAL COMUM CURRICULAR

do Conselho busca conciliar a ponderabilidade entre sociedade política e sociedade civil, com inclinação para o executivo. Veja-se, a esse respeito, o art. 6º da Lei n. 9.131/95, e seu parágrafo único:

> O Ministério da Educação e do Desporto exerce as atribuições do poder público federal em matéria de educação, cabendo-lhe formular e avaliar a política nacional de educação, zelar pela qualidade do ensino e velar pelo cumprimento das leis que o regem.
>
> § 1º. No desempenho de suas funções, o Ministério da Educação e do Desporto contará com a colaboração do Conselho Nacional de Educação e das Câmaras que o compõem.

Por outro lado, cabe a esse Conselho, segundo o art. 7º da lei, o dever de "assegurar a participação da sociedade no aperfeiçoamento da educação nacional".

Órgão de articulação entre a sociedade política e a sociedade civil, esse órgão colegiado responde, por meio de suas Câmaras de Educação (Básica e Superior) à atribuição, posta no art. 9º da Lei n. 4.024/61, com a redação dada pela Lei n. 9.131/95, respectivamente: "deliberar sobre as diretrizes curriculares propostas pelo Ministério da Educação e do Desporto; deliberar sobre as diretrizes curriculares propostas pelo Ministério da Educação e do Desporto, para os cursos de graduação".

Veja-se o que dispõe o artigo 22 das Diretrizes e Bases da Educação Nacional, Lei n. 9.394/96: "a educação básica tem por finalidades desenvolver o educando, assegurando-lhe a formação comum indispensável para o exercício da cidadania e fornecer-lhe meios para progredir no trabalho e em estudos posteriores". (art. 22)

De modo constante, o termo educação básica, na LDB, se vê acompanhado, no conjunto dos artigos, do adjetivo comum. Tal é o caso, por exemplo, da formação básica comum dos conteúdos mínimos das três etapas (inciso IV do art. 9º), da formação comum no art. 22, da base nacional comum dos artigos 26, 38 e 64 e a diretriz do respeito ao bem comum do art. 27.

Leia-se o que está posto no artigo 26 da LDB:

> Os currículos da educação infantil, do ensino fundamental e do ensino médio devem ter base nacional comum, a ser complementada, em cada sistema de ensino e em cada estabelecimento escolar, por uma parte diversificada, exigida pelas características regionais e locais da sociedade, da cultura, da economia e dos educandos.

Assim, a educação básica tem por finalidade precípua e fundamental a formação de uma pessoa para múltiplos aspectos da vida social como a consciência de si como sujeito, a consciência do outro como igual e diferente tanto por meio do domínio de conhecimentos, com rigor científico, e o desenvolvimento de competências que incorporem um método permanente de aprendizagem e abertura para novas possibilidades.

Os princípios constitucionais de "diretrizes e bases da educação nacional" e de "coesão nacional" associados ao dispositivo de "conteúdos mínimos" nacionais determinaram, de um lado, diretrizes curriculares nacionais emanadas pelo Conselho Nacional de Educação e, de outro, Parâmetros Curriculares Nacionais propostos pelo MEC.[10] Ambas iniciativas buscaram respaldo quer na Lei n. 9.131/95, quer nas diretrizes e bases da educação da Lei n. 9.394/96.

---

10. Cf. a este respeito, tanto tais Diretrizes na página do Conselho Nacional de Educação, inclusive o Parecer CNE/CEB n. 03/1997, quanto no Portal do MEC os Parâmetros Nacionais de Educação.

Entretanto, a questão federativa continua presente e ela continua mesmo após tentativas de clareamento na Constituição de 1988. Aliás, tendo a educação se tornado ao mesmo tempo (mas não sob o mesmo ponto de vista) competência privativa da União, concorrente entre a União, os Estados, Distrito Federal e Municípios e competência comum entre os quatro entes federativos, é que a questão retorna com mais urgência.

Sem o deslindamento desta questão fulcral de pouca valia será a determinação constitucional do fixar *conteúdos mínimos* para a educação obrigatória.

Por outro lado, o próprio Conselho Nacional de Educação, à luz da flexibilidade trazida pela LDB de 1996, enfatizou que as diretrizes tinham dimensões gerais, tendo estas muito mais a prevalência de um rumo, de uma direção, de um caminho tendente a um fim do que de *fixação de conteúdos mínimos*.

Neste diálogo, tão importante quanto ele, importa conhecer a "radiografia" das escolas realmente existentes, suas peculiaridades, seus "ethos". As escolas brasileiras não são iguais. Suas condições de funcionamento são extremamente diversificadas por regiões, por classes, por turnos, não sendo desprezível a presença de uma pluralidade étnica e cultural.

É preciso partir desta "radiografia" para imaginar um método criativo de tal modo que a unidade nacional pretendida seja unidade, não uniformidade, seja igualdade complementada pelo enfrentamento da diversidade.

Por outro lado, algo semelhante se passa com os métodos. Estes variam muito no âmbito das ciências naturais e sociais fazendo com que emerja esta outra diferença. De novo, o diálogo é o caminho para se evitar tanto uma homogeneidade metodológica como uma sincrese distante da análise científica.

Mercê da Emenda Constitucional n. 59/09 e da Lei n. 13.005/14, especificamente meta 2, estratégia 2.2, e meta 3, estratégia 3.3 o Plano Nacional de Educação preveem a configuração, respectivamente, da base nacional comum curricular do ensino fundamental e do ensino médio, mediante *instância permanente de negociação e de cooperação entre a União, os Estados, o Distrito Federal e os Municípios.* Esta base, conforme as estratégias 2.1 e 3.2, deverá ser articulada pelo MEC em conjunto com os entes federativos, sob a forma de direitos e objetivos de aprendizagem em consonância com participação dos profissionais da educação, estudiosos e pesquisadores.

Para prosseguir com o debate

A elaboração de uma base nacional comum curricular tem a ver com a constituição de uma cidadania portadora de representatividade e de participação. E a educação escolar é uma forma de viabilizar esta vida cidadã nos espaços de uma coesão nacional que garanta os princípios da igualdade e da liberdade.

Por sua vez, o Brasil, Estado Republicano desde 1889, optou pela forma federativa de distribuição de poderes e de competências entre o Estado Nacional e os entes federados subnacionais.

Esta complexidade se traduziu e se traduz na dificuldade de se montar uma estrutura curricular para as instituições escolares, constituintes que são desta cidadania republicana, democrática e federativa.

Certamente que, à oscilação autoritarismo x Estado de Direito, não correspondeu linearmente dirigismo curricular x liberdade de criação. Mas é notório que o "vigiar" de modo mais

BASE NACIONAL COMUM CURRICULAR

direto a estruturação de currículos, programas e a produção de livros didáticos se aproxima mais dos regimes fechados. Sabe-se que nestes o detalhamento é mais uma forma de verticalismo homogeneizador do que um respeito às diferenças. E nos regimes politicamente mais abertos, o programa dos currículos nacionais unificados é mais flexível e propositivo. Espera-se, pois, destes últimos, maior sensibilidade, respeito à diferença sem deixar de contemplar aquilo que deve ser comum em um Estado Nacional.

Esta característica de regimes abertos, própria da Constituição de 1988, contudo, se defronta com 2 eixos fundamentais: a questão federativa e a questão da participação dos sujeitos interessados na formulação dos conteúdos face às diferentes concepções que os inspiram e mesmo em face às metodologias existentes em relação às ciências naturais e sociais.

A questão federativa sempre deve merecer um enfrentamento cuidadoso. Como vimos, a tradição descentralizada criou culturas institucionais na escola pública que variam de unidade federada para unidade federada. Dentro delas, as regiões e as disparidades oferecem outras heterogeneidades, isto sem falar nos "capitais culturais" distintivos de classes sociais.

Vê-se que o problema não é novo e sempre esteve, de algum modo, nas preocupações do Governo Federal e nas preocupações dos Governos Estaduais, Municipais e Distrital.

Entretanto, no caso do Brasil, em matéria de legislação, abundam dispositivos referentes à criação de uma cultura curricular, ora tendendo a uma minuciosidade que foge ao princípio federativo e respeitador das diferenças regionais e locais, ora tendente a estabelecer grandes orientações gerais. Tudo indica que esta última orientação está presente na lei de diretrizes e bases, sem secundarizar as bases nacionais comuns.

No momento em que a avaliação passou e passa a fazer parte de políticas nacionais bafejadas por orientações internacionais, o currículo passa a ganhar mais importância. Boa parte dessa avaliação já é legalmente determinada em nosso país. Cumpre refletir por que tem sido tão difícil chegar a um acordo do como efetivá-la de modo que ela pondere e abranja tanto o processo da constituição curricular quanto seus resultados. Reflexão penosa e difícil para gestores e docentes, pois, abandonando qualquer posição maniqueísta, a avaliação pode promover um diálogo dentro de um encontro profissional em vista de garantir uma melhoria na prática a qual, no fundo, não é mais do que efetivar o direito à educação que não se aninha apenas no direito de aprender dos estudantes com a devida qualidade.

Logo, uma discussão sobre os conteúdos comuns mínimos dos currículos em sua dimensão de base nacional comum deve desaguar no caminho próprio defendido pelos grandes nomes da educação: o diálogo que a Constituição denomina de *regime de colaboração* sob a égide da *gestão democrática*. E aqui se insere a participação dos interessados no assunto, de modo a abrir um diálogo consistente e sólido entre a administração da educação, os profissionais no exercício da docência e os estudiosos da matéria.

A Pós-Graduação nacional está conseguindo formar pesquisadores e estudiosos que, institucionalmente, vêm investigando áreas de conhecimento e fazendo intercâmbio internacional. E uma das áreas de atuação é justamente o estudo de currículos, de história de disciplinas escolares e da avaliação. As associações científicas, por seu lado, criam, dentro de seus grupos de trabalho, a alimentação contínua desse e de outros temas.

A bibliografia não é pequena. Surgem livros, publicam-se pesquisas, dissertações e teses. As revistas se multiplicam. O mercado editorial apresenta, não sem uma variedade qualitativa, um espectro enorme de publicações.

Também os docentes se organizaram em associações profissionais, seja em frentes salariais, seja em frentes voltadas para a questão pedagógica.

É momento, pois, de reunir esforços, com clareza de posições, com estudos sólidos, a fim de que este passo constitutivo da cidadania alcance os objetivos e as finalidades maiores postos no capítulo da educação da Constituição, na lei de diretrizes e bases e no plano nacional de educação.

2

BNCC e a Universalização do Conhecimento

A Base Nacional Comum Curricular (BNCC) carrega, em si, o sonho iluminista de universalização de direitos no tocante ao acesso ao conhecimento acumulado e à qualidade da educação que se realizaria pela distribuição igualitária e isonômica desses conhecimentos. Sonho esse que foi apropriado pela burguesia para legitimação de seus interesses com o estabelecimento de crenças e padrões adequados em uma sociedade marcada pela desigualdade. Ocorre que, mesmo com a desigualdade como questão estruturante, a educação escolarizada pretende promover a equidade de conhecimentos compreendidos como essenciais para proporcionar uma maior igualdade de oportunidades nas disputas por um lugar no mercado de trabalho e no exercício da cidadania.

Para compreender a proposta de orientação curricular nacional, faz-se necessário pontuar tanto o caminho que nos trouxe a escolha de uma Base Nacional Comum Curricular, seja no plano normativo, seja no plano conceitual, bem como investigar as questões problemáticas que essa proposta encontra no cenário da Educação Básica brasileira contemporânea e, principalmente, no campo do currículo.

A tradição de reformas educacionais tem se esmerado em atribuir ao currículo os problemas de qualidade da educação e, da mesma forma, seria ele o responsável pela superação das mazelas e desigualdades educacionais.

Por isso, é importante não perdermos de vista a causa das desigualdades e o papel que a educação pode desempenhar na sua redução. Pensar o papel do currículo na correção das desigualdades é uma tentativa ingênua de deslocar os processos de escolarização do contexto de uma sociedade profundamente desigual. Diante dessa questão, é fundamental, preliminarmente, estabelecermos qual é o potencial da educação escolarizada e seus limites na transformação da sociedade sob pena de soar ingênua a análise de uma política educacional de tal envergadura.

Como Freire já acentuava em uma de suas obras iniciais, *Educação como Prática de Liberdade* (1967),

> (...) estamos advertidos do fato milagroso, que por si fizesse as alterações necessárias à passagem da sociedade brasileira de uma para outra forma. Porém, o que não se pode negar à educação, é a sua força instrumental, que inexistirá se superposta às condições do contexto a que se aplica. Vale dizer, por isso mesmo que, sozinha, nada fará, porque, pelo fato de "estar sozinha", já não pode ser instrumental. Por isso, se insiste em não corresponder à dinâmica destas outras forças de transformação do contexto estrutural, se torna puramente ornamental (...) (Freire, 1967/2005, p. 96).

Necessário distinguir as políticas que pretendem transformar as estruturas das propostas que se limitam a ornamentar o que está posto. É preciso se aprofundar nos estudos curriculares como forma de entender como funcionam os interesses sociais que se misturam

BASE NACIONAL COMUM CURRICULAR

ao conhecimento escolar na busca de uma visão homogênea de mundo. No caso do Brasil contemporâneo, seria a unificação curricular um ornamento para se acentuar a chamada crise da educação ou estaríamos diante de uma proposta transformadora?

Com Apple (2017) e sua resposta à pergunta à *Educação pode mudar a sociedade?*, há uma perspectiva menos estruturalista e mecânica da questão, pois ele apresenta uma resposta que demanda a reação contra um sistema econômico e seu sistema cultural e ideológico, mas que não despreza as relações de dominação e subordinação que se constituem dentro e fora da educação. Estudar, analisar e se envolver com a educação escolarizada por esse caminho é reagir contra essas relações, portanto, no interior da escola.

Fica claro que se concentrar unicamente nas relações econômicas pode ser enganoso, pois estas não são as únicas a possibilitar o desvelamento da realidade. É necessário investir, portanto, nas várias dimensões da formação humana e a construção de uma BNCC nos provoca a compreender qual é o papel da educação nas transformações, bem como de seus limites.

Neste ensaio, a pretensão é, iniciando pelo contexto normativo e as bases conceituais, problematizar, criticamente, a proposta de Base Nacional Comum Curricular. Expor sua legitimidade e possibilidades no campo de estudos curriculares, bem como uma concepção comprometida com a teoria freiriana como forma de promover uma educação para emancipação.

A Base Nacional Comum Curricular e sua construção normativa

Para se fazer uma análise do escopo normativo da BNCC, não é possível isolar sua previsão normativa dos fundamentos jurídicos que fundam a educação brasileira. A interpretação sistemática nos proporciona, portanto, lançar um olhar sobre a constitucionalidade/legalidade da BNCC dentro de sua coerência com o conjunto normativo para que se evite a construção de visões fragmentadas e parciais sobre a sua materialidade.

Falar da legitimidade instituída legalmente para a construção de uma BNCC é analisar quais são os valores e princípios que a Constituição Federal e os ordenamentos infraconstitucionais estabelecem para a sua materialidade. Não podemos, portanto, satisfazer-nos com a formalidade de sua previsão (e pronto!).

A previsão de uma BNCC não é, obviamente, o centro do projeto educacional brasileiro em torno da qual orbitam os princípios educacionais, inclusive constitucionalizados. Não é nem mesmo o centro de valores e princípios que a escola deve abraçar, sendo a consequência de projetos que se colocam em disputa em uma sociedade que se enxerga e se deseja plural, como veremos a seguir.

Diante dessa premissa, é possível afirmar que o processo normativo que nos impulsiona para a construção de uma Base Nacional Comum Curricular é fruto de um processo que se arrasta por quase trinta anos, haja vista que sua previsão se encontra na Constituição da República Federativa do Brasil de 1988.

A Assembleia Nacional Constituinte houve por bem estabelecer na Constituição da República Federativa do Brasil que:

> Art. 210. Serão fixados *conteúdos mínimos* para o ensino fundamental, de maneira a assegurar *formação básica comum* e respeito aos valores culturais e artísticos, nacionais e *regionais* (Brasil, 1988) (grifos nossos).

Assim, o projeto de uma formação básica comum tem um papel na valorização do que é comum, do nacional e, também,

BASE NACIONAL COMUM CURRICULAR

do regional. A definição do que é comum, bem como de um projeto de nação, na quadra em que vivemos, tornaram-se cada vez mais complexos diante de uma sociedade que se enxerga cada vez mais plural. O que é *básico* e o que é *comum*, além de não ser neutro, trazem uma consequência de difícil equação que é dizer qual é a *formação* desejada. Diante disso, recorro à própria Constituição Federal de 1988 como forma de ter mais luzes para desvelar a questão e, então, esclarecer como esses conceitos devem emergir nas disputas ideológicas que se inserem no campo da educação escolarizada.

Não é demais enfatizar sob quais compromissos constitucionais estamos fundados:

> Art. 1º A República Federativa do Brasil, formada pela união indissolúvel dos Estados e Municípios e do Distrito Federal, constitui-se em Estado Democrático de Direito e tem como fundamentos:
>
> I — a soberania;
>
> II — a cidadania;
>
> III — a dignidade da pessoa humana;
>
> IV — os valores sociais do trabalho e da livre iniciativa;
>
> V — o pluralismo político. (Brasil, 1988).

Ao pensar a educação escolarizada diante dos princípios da dignidade da pessoa humana, da cidadania, dos valores sociais do trabalho e da livre iniciativa, já se percebe quão difícil é uma formação comum no plural. No entanto, podemos afirmar que o básico é o respeito ao ser humano, à sua capacidade criadora e transformadora (valores sociais do trabalho), à liberdade e à perspectiva de pluralidade de ideais.

Da mesma forma, trazer os princípios da República Federativa do Brasil nos dá a ideia de igualdade na diferença, bem como da superação das desigualdades sem anular as diversidades, como disposto no art. 3º de nossa Constituição:

Art. 3º Constituem objetivos fundamentais da República Federativa do Brasil:

I — construir uma sociedade livre, justa e solidária;

II — garantir o desenvolvimento nacional;

III — erradicar a pobreza e a marginalização e reduzir as desigualdades sociais e regionais;

IV — promover o bem de todos, sem preconceitos de origem, raça, sexo, cor, idade e quaisquer outras formas de discriminação. (Brasil, 1988)

Exaurindo uma perspectiva do projeto de nação e de valores básicos, o que o texto constitucional nos aponta é para a construção de uma sociedade justa, livre e solidária, que busca a erradicação da pobreza e a redução das desigualdades e que rejeita todas as formas de discriminação. E, é sobre esses princípios e objetivos que a formação, especialmente a educação escolarizada, deve se desenvolver.

A Lei de Diretrizes e Bases da Educação Nacional de 1996 (LDB) trouxe novamente a previsão de uma formação básica, agora chamada de Base Nacional Comum, com ampliação para toda a Educação Básica.

Art. 26. Os currículos da *educação infantil*, do *ensino fundamental* e do *ensino médio* devem ter *base nacional comum*, a ser complementada, em cada sistema de ensino e em cada estabelecimento escolar, por uma parte diversificada, exigida pelas características regionais e locais da sociedade, da cultura, da economia e dos educandos (Brasil, 1996) (grifos nossos).

Novamente, há a preocupação com o regional, o local e a diversificação da proposta do que seja básico. Diante de todos os outros princípios estabelecidos na LDB, não teria como ignorar a diversidade e se comprometer com uma unidade que inviabiliza o pluralismo e o reconhecimento da diversidade em nossa sociedade, uma vez que a LDB traduziu como os princípios e objetivos da República se realizariam através da educação, corroborando o que já estava previsto na Constituição:

Art. 2° A educação, dever da família e do Estado, inspirada nos princípios de liberdade e nos ideais de solidariedade humana, tem por finalidade o pleno desenvolvimento do educando, seu preparo para o exercício da cidadania e sua qualificação para o trabalho.

Art. 3° O ensino será ministrado com base nos seguintes princípios:

I — igualdade de condições para o acesso e permanência na escola;

II — liberdade de aprender, ensinar, pesquisar e divulgar a cultura, o pensamento, a arte e o saber;

III — pluralismo de idéias e de concepções pedagógicas;

IV — respeito à liberdade e apreço à tolerância;

V — coexistência de instituições públicas e privadas de ensino;

VI — gratuidade do ensino público em estabelecimentos oficiais;

VII — valorização do profissional da educação escolar;

VIII — gestão democrática do ensino público, na forma desta Lei e da legislação dos sistemas de ensino;

IX — garantia de padrão de qualidade;

X — valorização da experiência extra-escolar;

XI — vinculação entre a educação escolar, o trabalho e as práticas sociais.

XII — consideração com a diversidade étnico-racial. (Incluído pela Lei n. 12.796, de 2013)

XIII — garantia do direito à educação e à aprendizagem ao longo da vida. (Incluído pela Lei n. 13.632, de 2018). (Brasil, 1996)

A ideia de base contida na LDB e que pode se extrair da CF é pela definição de referências curriculares comprometida com a pluralidade, diversidade e não discriminação. Abraçar uma compreensão de prescrições fixistas e descritores de conteúdos, competências e habilidade é assumir uma contradição entre o pluralismo de ideias e um projeto universalizante de conhecimentos comprometidos com a homogeneização.

Em 2014, a promulgação do Plano Nacional de Educação (Brasil, 2014) e a busca de um Sistema Nacional de Educação deram novo impulso ao projeto de uma base. Naquele momento, ficou clara a concepção de que o que se pretende é uma proposta curricular que se torne comum nacionalmente. O projeto é tornar um conjunto de conhecimentos, habilidades e competências, que não é, ainda, nem comum, nem nacional, comum e nacional através da obrigatoriedade de seu ensino. Emerge a orientação do estabelecimento de um projeto nacional que se torne comum e, portanto, consensual nacionalmente através do projeto curricular.

Em 2017, temos, após idas e vindas, a publicação da BNCC da Educação Infantil e do Ensino Fundamental (MEC, 2018)[11]. Já a BNCC do Ensino Médio, até os meados de 2018, não foi aprovada[12].

Para concluir a análise do percurso normativo, é necessário acentuar que, ao abordar como se constituiu normativamente a direção para a construção da Base Nacional Comum Curricular, a perspectiva não é a de se conformar com a previsão silogística que imobiliza a sociedade ao naturalizar o comando do legal.

---

11. As idas e vindas da BNCC com suas disputas, avanços e retrocessos, serão analisadas pontualmente neste ensaio mesmo não sendo seu objeto.

12. Fato é que nenhuma das propostas entrou em vigor em 2018 e, concretamente, somente as pesquisas futuras poderão analisar como o comando legal curricular se desenvolverá no "chão da escola".

BASE NACIONAL COMUM CURRICULAR

Em outras palavras, é necessário compreender que a norma é um campo de disputa tanto no que toca a sua forma quanto a sua materialidade. Assim, ao expor que um projeto está previsto em lei, precisamos, criticamente, desvelar os seus interesses, a quem favorece e a quem não favorece.

Base Nacional Comum Curricular para quê?

A BNCC seria o instrumento para qualificar a educação através de uma identidade de conhecimentos que seja proporcionada a todos os estudantes da Educação Básica brasileira. Ela serviria para superar as desigualdades evidentes em nosso sistema educacional. Ela se envolve em uma visão de escolarização que, para termos uma educação de qualidade seria necessário proporcionar conteúdos idênticos para possibilitar uma igualdade de oportunidades entre os educandos.

Dessa forma, os defensores da BNCC entendem que uma das mazelas da Educação brasileira a ser superada é a ausência de um conteúdo básico e comum em todo o país. Já com a uma BNCC, teríamos a possibilidade de superar as desigualdades e a qualidade deficiente da Educação.

Em maio de 2015, foi publicada pela Fundação Lemann[13], notória entusiasta da BNCC, em colaboração com o Instituto de

---

13. A Fundação Lemann é uma organização sem fins lucrativos brasileira criada em 2002 pelo empresário Jorge Paulo Lemann, conhecido por ser o brasileiro mais rico. Sua fundação faz parte de um grupo de reformadores empresariais que se voltaram para a Educação Básica nos últimos anos. É representativo da força desse grupo o Movimentos Todos pela Educação, que é apoiado pela Fundação Roberto Marinho, Fundação Itaú Social, Fundação Victor Civita, entre outros. Voltaremos a abordagem do movimento a seguir.

pesquisas IBOPE, um levantamento em que os professores da Rede Pública no Brasil se posicionam majoritariamente favorável ao estabelecimento de uma Base Comum Nacional. Na pesquisa divulgada, 82% dos professores entrevistados concordam totalmente ou em parte que os "currículos de todas as escolas do Brasil devem ter uma base comum" e que 93% concordam totalmente ou em parte que "saber o que é esperado que os alunos aprendam a cada ano escolar facilita o trabalho do professor" (Fundação Lemann, 2015).

Ora, como pode ser percebido, soa até desesperadora a afirmação de que há a necessidade de definição de um currículo básico para os professores saberem o que é esperado que os alunos aprendam em cada ciclo de aprendizagem. Seria muito preocupante viver em um país onde os professores não sabem o que ensinar na sala de aula amanhã às 07h30 da manhã em uma turma do 1º ano do Ensino Fundamental.

Nessa linha, seria necessária a indagação do que fazem esses professores em sala de aula, ou melhor, o que se passa nos cursos de licenciaturas, bem como que orientações e planos de ensino são formulados pelos especialistas das redes de ensino e pelos professores.

A solução seria, também, impor uma base nos cursos de licenciaturas para que esses sujeitos fossem orientados em sua formação a saberem o que devem esperar que os alunos aprendam. Ainda nessa esteira, como pensar que os sistemas e as redes escolares, bem como os cursos de formação de professores, não contam para os professores o que devem ensinar e o que podem esperar de seus alunos (!)?

A BNCC é para oportunizar aos alunos "conhecimentos essenciais" ou aos professores?

BASE NACIONAL COMUM CURRICULAR

Dessa forma, tendo em vista a emergência de um discurso acentuado de que não há compreensão pelos professores do que fazer em sala de aula com as suas turmas, ou seja, de qual conhecimento deve se desenvolver em cada período letivo, semestre, bimestre ou dia de aula, temos uma BNCC que discrimina os descritores de competências e habilidades de todas as áreas do conhecimento escolarizado detalhadamente.

Esse detalhamento subestima as orientações curriculares desenvolvidas pela Câmara de Educação Básica do Conselho Nacional de Educação, pelas Avaliações Externas, pelas Redes de Ensino e pelas Escolas e pelos Educadores. Despreza o desenvolvimento de um projeto educativo nacional fundado em uma concepção dinâmica e democrática de currículo que busca articular as experiências dos vários atores envolvidos na educação escolarizada com os conhecimentos científico, tecnológico, artístico, estético e cultural produzidos.

A LDB, nesse contexto, como uma *"Constituição da Educação"*, tem sido interpretada e reinterpretada pela diversidade de atores que se envolvem com a educação escolarizada, sendo a própria criação de Diretrizes Curriculares Nacionais importante instrumento para uma educação de qualidade na diversidade, uma vez que estabelece orientações sem listar conteúdos.

Através das Diretrizes Curriculares, é possível vislumbrar uma percepção que valoriza o papel docente no enfrentamento da realidade educacional posta, sendo que fica visível uma rejeição ao receituário de conhecimentos preestabelecidos.

Já a tentativa das avaliações externas de impor um currículo básico se vê frustrada diante da realidade escolar complexa e se relaciona com dificuldades à efetivação verticalizada de currículo. A relação das escolas com a Prova Brasil e o ENEM, por exemplo, constitui-se dialeticamente em um movimento de conformação-rejeição de uma qualidade de educação que não se realiza para todos. É uma relação que, mesmo pretendendo esgotar o *que-fazer* curricular[14], não dá conta desse objetivo.

É ingênuo desconhecer o papel fundamental que a práxis docente e as realidades onde ela desenvolve têm na elaboração do *que-fazer* escolares com suas competências e habilidades, bem como da dinâmica que envolvem as propostas oficiais e o cotidiano da sala de aula.

A segunda questão que desejo ainda enfrentar e que não pode ser ignorada é o interesse da Fundação do homem reconhecido como o mais rico do Brasil, o empresário Jorge Paulo Lemann, em questões escolares, particularmente, na eleição de um currículo nacional. A Fundação Lemann, desde o seu surgimento, tem promovido formação de professores e debates sobre a Educação nacional, dos quais sobressaem seu evidente interesse: uma educação de qualidade. Mas devemos indagar qual é o conhecimento que se traduz em educação de qualidade para um grupo econômico tão poderoso e com os interesses pautados na expansão do (seu) capital?

Ora, é possível articular facilmente a constante busca de reestruturação da escola com os interesses daqueles que controlam o mercado de trabalho, sendo a instituição escolar de vital importância para a construção de subjetividades individualistas e meritocráticas, bem como de desenvolvimento de habilidades técnicas.

---

14. "Currículo é, na acepção freireana, a política, a teoria e a prática do *que-fazer* na educação, no espaço escolar, e nas ações que acontecem fora desse espaço, numa perspectiva crítico-transformadora". (Saul, 2008, p. 120).

3

Base Nacional Comum Curricular é Currículo?

A BNCC se constitui em um projeto normativo que estabelece um documento prescritivo de competências, habilidades, conteúdos, ou, como preferem denominar, direitos de aprendizagem (MEC, 2018).

Uma das questões que é necessário se afirmar e ser enfrentada é a natureza curricular da BNCC, pois o MEC insiste em proclamar que:

> BNCC serve como referência para a construção e adaptação dos currículos de todas as redes de ensino do país. As redes e escolas seguem com autonomia para elaborar, por meio do currículo, metodologias de ensino, abordagens pedagógicas e avaliações, incluindo elementos da diversidade local e apontando como os temas e disciplinas se relacionam. BNCC e currículos têm, portanto, papéis complementares: a Base dá o rumo da educação, mostrando aonde se quer chegar, enquanto os currículos traçam os caminhos. (MEC, 2018a).

A BNCC traz uma concepção de currículo travestida de direitos de aprendizagens que, sob a ótica tecnicista e meritocrática, constituem-se em deveres de aprendizagens. Obviamente não é possível reduzir toda a complexidade do currículo às prescrições contidas no documento homologado pelo (ocupante do cargo de)[15] Presidente da República em 2017.

Em que pese a polissemia do termo currículo, na orientação do MEC, o mesmo é estranhamente reduzido ao caminho (!?) e o que se deseja ensinar (*"aonde quer se chegar"*) é a Base Nacional Comum Curricular.

Diante dessa confusão conceitual, forçoso trazer alguns conceitos de currículo para desvelar como uma orientação curricular centralizadora e antidemocrática deseja se fazer presente (no duplo sentido) nas e para as escolas. Passo a algumas concepções de currículo, das mais tradicionais e tecnicistas às mais progressistas e comprometidas com a emancipação e pluralidade.

Sacristán não se furta a conceituar currículo mesmo explicando sobre sua complexidade. Para o autor espanhol (2013, p. 16), currículo *"é aquilo que um aluno estuda"*.

Já Roberto Macedo distingue duas concepções de currículo. A primeira se apresenta como um documento onde se expressa e se organiza a formação. A segunda nos ensina que o "currículo se dinamiza na prática educativa como um todo e nela assume feições que o conhecimento e a compreensão do documento por si só não permite elucidar" (2013, p. 25/26).

Por fim, vale repetir nossa nota para traduzir uma perspectiva freiriana de currículo. Este se constitui como "a política,

---

15. Acentuamos o não reconhecimento da legitimidade da presidência de Michel Temer em razão do Golpe perpetrado em 2016. Vide JINKINGS; DORIA; CLETO (Orgs.). *Por que gritamos Golpe?* São Paulo: Boitempo, 2016.

BASE NACIONAL COMUM CURRICULAR 67

a teoria e a prática do que-fazer na educação, no espaço escolar, e nas ações que acontecem fora desse espaço, numa perspectiva crítico-transformadora". (Saul, 2008, p. 120).

Diante destas colaborações, já desvelamos como a concepção de Base Nacional Comum Curricular se aproxima das concepções de Sacristán e da apresentada como uma das possibilidades por Roberto Macedo, mas se encontra muito aquém de uma acepção freiriana. Entretanto, não é possível negar a natureza curricular da BNCC simplesmente porque ela a rejeita. Os enunciados expostos desafiam a concepção de BNCC que se furta a assumir que deseja estabelecer o que um aluno deve estudar.

Claro que a segunda concepção apresentada por Roberto Macedo e a de Ana Saul nos proporcionam refletir sobre os limites que a BNCC traz para a proposta de currículo escolar, uma vez que ela pretende imobilizar em um documento a dinâmica da prática educativa — o *que-fazer na educação*.

Sendo qual for a concepção de currículo, é interessante trazer seu aparente ponto de convergência. Para Pacheco (2005), há um consenso quanto ao objeto de estudo de currículo que lança o olhar para o conhecimento e para as aprendizagens que são construídas no contexto de uma organização e uma formação.

A BNCC, indubitavelmente, é uma criação unificadora que organiza os direitos de aprendizagens, conhecimentos e habilidades com foco na competência compreendida "como a mobilização de conhecimentos (conceitos e procedimentos) (MEC, 2018, p. 8). A própria BNCC assume que a função das competências é orientar os currículos, ou seja, é a fonte de todos os currículos que não se orientariam mais por objetivos, como defendia Ralph Tyler (1983). Apesar de abraçar os objetos de conhecimentos que devem ser distribuídos aos alunos, como podemos ver nesse recorte.

Figura 1. Ciências — 1º ano

Unidades temáticas	Objetos de conhecimento	Habilidades
Matéria e energia	Características dos materiais	**(EFO1CIO1)** Comparar características de diferentes materiais presentes em objetos de uso cotidiano, discutindo sua origem, os modos como são descartados e como podem ser usados de forma mais consciente.
Vida e evolução	Corpo humano Respeito à diversidade	**(EFO1CIO2)** Localizar, nomear e representar graficamente (por meio de desenhos) partes do corpo humano e explicar suas funções.
		(EFO1CIO3) Discutir as razões pelas quais os hábitos de higiene do corpo (lavar as mãos antes de comer, escovar os dentes, limpar os olhos, o nariz e as orelhas etc.) são necessários para a manutenção da saúde.
		(EFO1CIO4) Comparar características físicas entre os colegas, reconhecendo a diversidade e a importância da valorização, do acolhimento e do respeito às diferenças.
Terra e Universo	Escalas de tempo	**(EFO1CIO5)** Identificar e nomear diferentes escalas de tempo: os períodos diários (manhã, tarde, noite) e a sucessão de dias, semanas, meses e anos.
		(EFO1CIO6) Selecionar exemplos de como a sucessão de dias e noites orienta o ritmo de atividades diárias dos seres humanos e de outros seres vivos.

Fonte: BNCC (2018, p. 331).

A insistência em negar a natureza curricular é desvelada pela forma e o conteúdo apresentados pela BNCC com um nível de detalhamento que visibiliza o compromisso com o estabelecimento de um currículo nacional.

Como apresentado na página inicial da BNCC,

> A Base estabelece **conhecimentos, competências e habilidades** que se espera que todos os estudantes desenvolvam ao longo da escolaridade básica. Orientada pelos princípios éticos, políticos e estéticos traçados pelas Diretrizes Curriculares Nacionais da Educação Básica, a Base

soma-se aos propósitos que direcionam a educação brasileira para a formação humana integral e para a construção de uma *sociedade justa, democrática e inclusiva.* (MEC, 2018)

O negrito nos *"conhecimentos, competências e habilidades"* é obra do próprio MEC que se nega a reconhecer na BNCC uma proposta de currículo, mas sim norteadora dos currículos. Ainda de acordo com o MEC, em sua proposta inicial,

A Base Nacional Comum Curricular (BNC) vai deixar claro os conhecimentos essenciais aos quais todos os estudantes brasileiros têm o direito de ter acesso e se apropriar durante sua trajetória na Educação Básica, ano a ano, desde o ingresso na Creche até o final do Ensino Médio. Com ela os sistemas educacionais, as escolas e os professores terão um importante instrumento de gestão pedagógica e as famílias poderão participar e acompanhar mais de perto a vida escolar de seus filhos.

A Base será mais uma ferramenta que vai ajudar a orientar a construção do currículo das mais de 190 mil escolas de Educação Básica do país, espalhadas de Norte a Sul, públicas ou particulares. (MEC, 2016).

O que se pretende expor é que por mais fuja ao papel de seleção, organização e sequenciamento de conteúdos, a BNCC tem esse papel e se ela não é *o* currículo, ela não pode deixar de ser considerada *um* currículo (prescrito e unificador).

De acordo com Elizabeth Macedo,

Ao longo das páginas iniciais da Base, suas palavras são reiteradas na ideia de que os currículos serão elaborados ou construídos [pelos municípios, pelas escolas ou pelos professores] tendo a Base como base. Em uma formulação mais direta dessa relação, diz-se que

"BNCC e currículos têm papéis complementares para assegurar as aprendizagens essenciais definidas para cada etapa da Educação Básica, uma vez que tais aprendizagens só se materializam mediante o conjunto de decisões que caracterizam o currículo em ação" (MEC, 2017, p. 16). Surge, assim, um termo já clássico no campo do currículo que pretende dar conta de que os currículos formais não esgotam as possibilidades do que ocorre nas escolas. Currículo em ação, portanto, é um conceito que só faz sentido com o seu duplo, o currículo escrito ou formal, neste caso, a BNCC. A BNCC seria, assim, currículo, mas não esgotaria as possibilidades de ser do currículo. (2018, p. 29).

O caráter normativo da BNCC prescreve aos estudantes os conhecimentos, habilidades e competências que os estudantes da Educação Básica brasileira devem mobilizar e estudar. É um currículo formal, não há dúvida. E como todo currículo, deseja prescrever e direcionar o que será ensinado. Mas não consegue aprisionar tudo o que se ensina e se aprende na escola, obviamente.

Essa prescrição pretende ordenar e unificar o currículo brasileiro, ignorando a visão dinâmica exposta por Roberto Macedo (2015) e se negando a assumir sua politicidade sob uma perspectiva freiriana. Essa negação se dá em prol de uma crença positivista de neutralidade do conhecimento científico que deveria ser distribuído pela escola. A BNCC pretende se constituir, portanto, em contraponto ao movimento dialético que a escola deveria promover com a transformação que se faz permanentemente. Fica escancarada com a proposta de currículo nacional que há um projeto que se deseja nacional e comum, devendo ser posto como neutro e natural no interior da escola.

O currículo é, assim, desideologizado e descontextualizado em nome de um conhecimento teórico/científico/neutro que uma comunidade de especialistas é capaz de estabelecer para todas as escolas brasileiras.

A centralização de um projeto educativo, em escala nacional, se revela de forma cristalina e amplia uma visão de desconfiança dos sujeitos envolvidos no processo educacional nas bases e os faz buscar suas soluções dialética e dialogicamente. Por isso, a concepção de centralismo de Freire em 1959 ainda se faz atual:

> É a êle (o centralismo) que se deve, em grande parte, a inorganicidade de nossa educação. E isto porque é do centro que se ditam as normas, distanciadas assim das realidades locais e regionais a que se deve aplicar. (Freire, 1959, p. 91).

A BNCC é uma proposta curricular obrigatória e imobilizadora que parte do centro do poder para todas as escolas, centralizada na confiança na capacidade de especialistas tomarem as decisões sobre os conhecimentos, competências e habilidades que nossos estudantes podem acessar. Decisões que deveriam se fundar nos pilares constitucionais de uma sociedade plural e comprometida com a não discriminação e com os valores sociais do trabalho.

Base Nacional Comum Curricular como campo de disputa

Como a análise já realizada nos leva a afirmar que a BNCC é uma proposta de currículo nacional, as compreensões trazidas por Apple (1997; 2006) continuam a serem atuais e referências para o aprofundamento do que permeia este projeto.

Criticamente, não há como negar que o currículo é campo de disputa entre os projetos que se colocam em conflito na sociedade.

Retirar da BNCC a característica explícita de currículo é aceitar a naturalização do conhecimento válido a ser distribuído. Ou melhor, é conformar-se com um empreendimento curricular que se faz neutro e, consequentemente, acima das ideologias.

Ora, as concepções de tradição seletiva e de hegemonia trazidas por Apple (1997; 2006), ao lado de sua visão sobre conhecimento oficial (1997), são fundamentais para compreensão dessas disputas e de como visões simplistas de igualdade e equidade passam a ser ingenuamente defendidas.

O conhecimento oficial é centrado nos cânones de verdade universalizante feita por alguém (um grupo) para que uma visão particular de cultura se torne legitimada e validada para ser distribuída na escola (Apple, 1997). No caso de nosso currículo nacional (BNCC), esse alguém é a comunidade de especialistas selecionados pelo MEC para a validação da cultura a ser imposta à escola. Uma comunidade que, em 2015, por ocasião da apresentação da primeira versão da BNCC, era composta de 116 profissionais das mais diversas áreas, divididos em 29 comissões.

A primeira versão, ainda, foi submetida à consulta pública tendo aproximadamente doze milhões de contribuições no período de setembro de 2015 a março de 2016, sendo que a segunda versão ficou pronta três meses depois.

Essa a aparência de consenso de que o MEC fez a escolha de especialistas que supostamente seriam desinteressados em projetos ideológicos, bem como na síntese das milhões de contribuições, pode ser enganosa,

> Porque não é a "sociedade" que criou tais textos mas um grupo específicos de pessoas. "Nós" não construímos tais artefatos curriculares, no sentido de que existe um acordo universal entre todos nós e isto é que passa a ser o conhecimento oficial. (Apple, 1997, p. 77).

Por isso, afirmo que, além da BNCC ser uma prescrição de currículo nacional, ela é uma forma de tornar consensual o que pretende ser o conhecimento oficial.

O consenso enganoso quando olhamos para a trajetória que esse currículo percorreu de sua primeira versão até a última aprovada em 2017. Já na primeira versão da BNCC, posições ideológicas e considerações sobre o que fica como conhecimento a ser escolarizado e o que sai foram explicitadas. Para ficar só em um exemplo, o ex-Ministro da Educação Renato Janine Ribeiro recorreu à rede social para expressar sua perspectiva ideológica em relação à primeira versão da BNCC, apresentada quando ele era o Ministro, como noticiado pelo site do jornal *Estadão:*

> O ex-ministro de Educação e filósofo Renato Janine Ribeiro afirmou em sua página no Facebook que o conteúdo de História da Base Nacional Comum (BNC) deve conter "ensinamento crítico, mas sem descambar para a ideologia".
>
> (...)
>
> "O fato é que o documento de História tem falhas. Tanto assim que retardei sua publicação e solicitei ao grupo que o elaborou que o refizesse. Mas eles mudaram pouca coisa", disse o ex-ministro na rede social.
>
> Os textos da BNC de todas as disciplinas passam agora por consulta pública para receber críticas e sugestões de especialistas e da sociedade para que uma proposta final seja apresentada ao Conselho Nacional de Educação (CNE) ainda nos primeiros meses de 2016.
>
> Janine reclamou que a primeira versão do texto de História "ignorava quase por completo o que não fosse Brasil e África". "Não havia, na proposta, uma história do mundo. Quando muito, no ensino médio, uma visão brasilcêntrico das relações com outros continentes", disse ele. (*ESTADÃO*, 2015/2018).

A afirmação do ex-ministro se encontra dentro do que Raymond Williams chamou de *tradição seletiva*, de acordo com Apple (1997). Há uma visão que nega a possibilidade "brasil-cêntrica" e naturaliza o consenso eurocêntrico, ignorando que essa seleção privilegia um capital cultural de um grupo em detrimento do de outro.

> A questão é sempre a seletividade; a maneira pela qual, de toda uma área é possível do passado e do presente, somente determinados significados e práticas são escolhidos para ênfase, enquanto outros significados e práticas são negados e excluídos. Mais crucialmente ainda: alguns desses significados são reinterpretados, diluídos, ou postos sob formas que sustentam ou pelo menos não contradizem outros elementos da cultura efetivamente dominante. (Williams *apud* Apple, 2006, p. 39/40).

Articula-se um consenso verticalizado através da neutrali-dade que a comunidade de especialistas representa. No entan-to, no interior desse processo, escancara-se a luta de projetos ideológicos. Apesar do Professor Janine Ribeiro afirmar que o processo estava "descambando" para o ideológico, a ideologia é, repita-se, parte fundamental desse projeto, mas não me refiro a sua acepção pejorativa. Pelo contrário, ideologia aqui é um conceito central para se desvelar as questões que toca a *tradição seletiva* do currículo, quais sejam, *"Quem o selecionou? Por que é organizado e ensinado dessa forma? E a este grupo em particular?"* (Apple, 2006, p. 40).

Nesse sentido, tanto a seleção feita pela comunidade de es-pecialistas como a que Janine Ribeiro reputa adequada, se situa em um sistema de ideias, crenças e compromissos ou valores sociais. É um projeto cristalinamente ideológico, sendo o currí-culo um campo privilegiado para sua legitimação.

BASE NACIONAL COMUM CURRICULAR

Ignorar o currículo sendo uma seleção de cultura que se pretende socializar é investir em uma neutralidade que rejeita a contradição e a pluralidade de projetos políticos que se colocam em disputa e em conflito em sociedade. É uma postura centralizadora e ditatorial que almeja submeter a diferença.

Lado outro, a ideologia pode operar no sistema educacional para poder se legitimar e criar uma visão parcializada dos problemas brasileiros. Aí sim temos um problema que dificulta a visão das questões sociais que a escola deveria trazer para seu interior. Não é possível aceitar a naturalização e neutralidade dos conhecimentos, uma vez que podemos contribuir para a compreensão parcializada e fragmentada dos fenômenos sociais e sobre as causas das desigualdades.

Inclusive é essa perspectiva ideológica que afirma que a educação escolarizada foi, é e será um dos fatores que obstaculizam nosso desenvolvimento, sendo o currículo um instrumento para superarmos as mazelas educacionais. Não é a ideologia "brasil-cêntrica" que faz isso, mas a ideologia eurocêntrica de cunho burguês que salienta que a qualidade da educação é a capacidade de inserção no mercado de trabalho através de uma simples equação:

Educação de boa qualidade = Trabalho de prestígio social e econômico;
Educação de má qualidade = Trabalho precário

No entanto, o sistema econômico nunca providenciou vagas com esse prestígio para todos. Nem tem a pretensão de fornecer tais vagas. Vivemos em uma crise estrutural e essa ideologia vem colocar a culpa na escola e no currículo escolar?

Daí a necessidade de se contextualizar o campo do currículo dentro de uma crise que a escola vive e que essa crise não tem a escola como causa: a crise da escola é consequência da crise permanente do capitalismo brasileiro.

A crise educacional é parte da crise socioeconômica

Há aproximadamente 50 anos, repete-se um mantra no campo do currículo: *"O currículo é um campo moribundo"* (Schwab, 1969 *apud* Pacheco, 2001). Ora, moribundo está o projeto de sociedade excludente e meritocrático. Fragmentar e responsabilizar o currículo pelas mazelas da educação, buscando mostrar suas insuficiências, é interditar o próprio debate sobre os limites da escola em uma sociedade marcada pela desigualdade.

Por isso, não podemos deixar de lado o conselho de Hegel (2005) e incorrermos no risco de tomarmos a floresta pela árvore. Não podemos olhar para as disputas em torno do currículo escolar e deixarmos de lado a chamada crise da educação. E, por consequência, não devemos aderir acriticamente ao discurso da crise educacional sem trazer a percepção de que há uma crise econômica permanente.

Sem não percebermos como a crise permanente chega à educação e ao currículo, podemos tomar a árvore pela floresta. A dita crise da educação é uma crise que se desenvolve no interior de um sistema seletivo e meritocrático que não consegue contemplar todas as pessoas em uma sociedade capitalista. A desigualdade é inerente ao sistema e não um efeito indesejado. Quando são colocados projetos curriculares como forma de proporcionar a igualdade de oportunidades em busca da redução das desigualdades, somos colocados diante de uma proposta ilusória que não consegue se aprofundar no cerne do problema, qual seja, a incapacidade de nosso sistema socioeconômico proporcionar a igualdade.

BASE NACIONAL COMUM CURRICULAR

77

É inegável que tivemos tempos de redução da pobreza e de construção de direitos em um curto período de avanço (2003-2014). São apenas "soluços" de um sistema desigual que não conseguem se prolongar por muito tempo, pois, novamente, houve uma (violenta) interrupção com retrocesso em mais uma crise do capitalismo brasileiro.

As crises são, portanto, cíclicas e estruturais, como acentua David Harvey,

> Crises são essenciais para a reprodução do capitalismo. É no desen-rolar das crises que as instabilidades capitalistas são confrontadas, remodeladas e reformuladas para criar uma nova versão daquilo em que consiste o capitalismo. Muita coisa é derrubada e destruída para dar lugar ao novo. (2016, p. 9)

Crises são oportunidades para reformas que aprofundam as desigualdades, proporcionando medidas que restringem os direitos em prol dos privilégios. Verbas para programas sociais são cortadas, há o aumento vertiginoso do desemprego e medidas que poderiam equalizar o acesso à educação são inibidas em prol da maximização dos lucros de poucos e manutenção das desigualdades, ou melhor, aprofundamento das desigualdades.

Nesse sentido, a ruptura institucional e democrática, ocorrida em 2016, deixa marcas indeléveis nas políticas públicas brasileiras[16].

---

16. A Emenda Constitucional que congela os gastos públicos, a reforma trabalhista com a perda de direitos para os empregados/as, a redução drástica do financiamento para aquisição de casas populares (Minha casa, Minha vida), a redução do Bolsa Família, o estancamento da Reforma Agrária, a Intervenção Militar no Rio de Janeiro, a proposta de Reforma Previdenciária, a insegurança energética, aumento da mortalidade infantil, dentre outras aspectos, fazem parte de um pacote de políticas comprometidas com a concentração de renda e aumento da pobreza com a retirada de direitos dos trabalhadores.

Nesse contexto, o governo pós-golpe tem na educação políticas públicas alinhadas com os interesses do capital frente ao sistema educacional público brasileiro. A Reforma do Ensino Médio, o desinvestimento nas Universidades Públicas, a redução de programas de financiamentos como o FIES e PROUNI, a redução do financiamento para Escola em Tempo Integral, a extinção do PIBID, com a criação do Programa de Residência Pedagógica e, o nosso foco, a homologação de uma Base Nacional Comum Curricular, se colocam como obstáculos aos direitos das classes menos favorecidas no que toca a educação escolarizada. Da mesma forma, dificulta à construção de uma sociedade plural e democrática que potencializa através da educação escolarizada a transformação social.

Nesse curto espaço, não posso deixar de se registrar como a crise do capitalismo acaba por atingir radicalmente as parcas conquistas das classes trabalhadoras e traz medidas aparentemente técnicas e soluções falsamente neutras que produzem efeitos nocivos à maioria da população. A BNCC se situa nesse contexto de medidas e soluções para superação da crise.

Impossível compreender a Base sem investigar o cenário desenhado pela Organização para Cooperação e Desenvolvimento Econômico (OCDE) que reconhecidamente influencia políticas públicas educacionais brasileiras, como atesta a própria BNCC em seu texto (MEC, 2018).

David Chaves (Escola Politécnica..., 2017) explica que a BNCC é

> (...) produção de organismos como a Organização para Cooperação e Desenvolvimento Econômico (OCDE). Segundo ele, a entidade é relevante porque indica ao mundo empresarial quais países estão cumprindo orientações em áreas como educação e economia, sinalizando os locais mais atrativos para investimentos privados. Uma

BASE NACIONAL COMUM CURRICULAR 79

dessas variáveis é a existência de mão de obra qualificada. Qualificada, claro, segundo os padrões estabelecidos pelo organismo.

A partir do PISA (*Programme for International Student Assessment*) e de pesquisas comparativas, as políticas educacionais foram se globalizando com base em diretrizes da OCDE que, tendo uma avaliação internacional, passou a pressionar por um currículo que permitisse a legitimação dessa avaliação. Seguir as determinações da OCDE se constitui em referência para qualidade da educação mundial, trazendo um fenômeno de *"ranqueamento"* de países que acabou por estabelecer os padrões curriculares necessários para o alcance de um desempenho comparativamente satisfatório sob essa perspectiva globalizante e mensurável da educação. A OCDE, assim, passa a ocupar, para muitos países seguidores desse receituário, o lugar de *"Ministro da Educação Mundial"*.

A OCDE tem importante papel na "elaboração de discursos que estejam de acordo com os seus interesses privatistas" (Santomé, 2003, p. 19) que corroboram a perspectiva exclusivamente meritocrática de educação e deixam de lado as questões de fundo sobre as desigualdades socioeconômicas.

Da mesma forma que a OCDE traz uma pressão externa e internacional para políticas unificadoras do currículo escolar, internamente emergiram na última década movimentos empresariais capitaneados por fundações privadas dedicadas ao desenvolvimento de uma educação de qualidade. Esses personagens foram nomeados por Diane Ravitch de *corporate reformers,* que Luiz Carlos Freitas (2012) nos brindou com a tradução para reformadores empresariais.

No Brasil, movimento semelhante tem coordenado a ação dos empresários no campo da educação e é conhecido como Todos pela

Educação. O presidente do Conselho de Governança deste movimento é o megaempresário Jorge Gerdau Johannpeter, do Grupo Gerdau, que também é assessor da presidenta Dilma como coordenador da Câmara de Políticas de Gestão, Desempenho e Competitividade de seu governo. (Freitas, 2012, p. 381)

Fundado em 2006, o já citado Movimento Todos pela Educação tem como apoiadores, parceiros e mantenedores, por exemplo, a Fundação Bradesco, Itaú Social, Fundação Lemann, Instituto Unibanco, Instituto Natura, Rede Globo, Fundação Roberto Marinho, BID (Banco Interamericano de Desenvolvimento), Fundação Santillana, Fundação Victor Civita, dentre outros. (Todos pela Educação, 2018).

A Base Nacional Comum Curricular, fortalecida pelo governo democrático (2003-2015), encontrou eco nos fundamentos tecnicista, meritocrático e gerencial defendidos pela lógica do capital para o desenvolvimento da qualidade da educação. No Plano Nacional de Educação, Lei n. 13.005, de 2014 (Brasil, 2014), a proposta de Base Nacional Comum Curricular se apresenta como estratégia para o alcance da qualidade da educação, devendo ser homologada em um prazo de 2 (dois) anos a partir da publicação do PNE. Seu prazo legal se expirou em junho de 2016, sendo que, de tudo que foi aprazado, a BNCC foi a única política que, efetivamente, teve andamento.

A adesão às concepções da OCDE e dos reformadores educacionais não é um privilégio do momento pós-golpe. Já se fazia presente nas políticas públicas educacionais desenvolvidas no período entendido como democrático, ou seja, no período que o Ministério da Educação aceitava as contradições que se colocam na conquista de direitos para as populações mais pobres e o fortalecimento da elite capitalista brasileira. Naquela época, faziam-se presentes representantes de movimentos sociais progressistas em vários fóruns, conselhos e instâncias de poder

BASE NACIONAL COMUM CURRICULAR

juntamente com os reformadores empresariais. Em que pese essa representatividade, posições contrárias ao estabelecimento de uma Base Nacional Comum Curricular, como expostas pela ANPED (Associação Nacional de Pós-graduação e Pesquisa em Educação) e pela ABdC (Associação Brasileira de Currículo) (ABdC, 2017) (ANPED; ABdC, 2015)[17], foram sumariamente ignoradas.

Mas é no contexto pós-golpe que as políticas públicas educacionais abandonaram suas contradições explícitas e se apresentam pautadas, de forma cristalina, no tecnicismo e gerencialismo de caráter meritocrático e excludente, tendo os discursos de liberdade de escolha e de igualdade de oportunidades ocupado a propaganda das apressadas reformas, que no caso do Ensino Médio se iniciou através de Medida Provisória (Brasil, 2016), tendo esta sido aprovada e incorporada à Lei de Diretrizes e Bases da Educação Nacional[18] com um visível e explícito retorno ao dualismo[19] na terminalidade da Educação Básica, uma vez que as escolas podem optar pela oferta de um de cinco itinerários ou manter a oferta integrada de quatro itinerários.

Utilizando-se do discurso da crise, sem revelar suas causas estruturais, o governo golpista trouxe medidas para melhorar a qualidade da educação dentro da pauta estabelecida por reformadores

---

17. Como será abordado no tópico 7.

18. A reforma do Ensino Médio, sob o pretexto de escolha, põe termo à concepção de Educação Básica, estabelecendo itinerários que os estudantes poderiam construir. No entanto, a escola pública não terá o investimento necessário para essas escolhas se realizarem e, consequentemente, teremos uma escola mais precarizada para as camadas populares e com escolhas muito limitadas.

19. "Art. 36. O currículo do ensino médio será composto pela Base Nacional Comum Curricular e por itinerários formativos, que deverão ser organizados por meio da oferta de diferentes arranjos curriculares, conforme a relevância para o contexto local e a possibilidade dos sistemas de ensino, a saber: — linguagens e suas tecnologias; II — matemática e suas tecnologias; III — ciências da natureza e suas tecnologias; IV — ciências humanas e sociais aplicadas; V — formação técnica e profissional. (...) § 3º A critério dos sistemas de ensino, poderá ser composto itinerário formativo integrado, que se traduz na composição de componentes curriculares da Base Nacional Comum Curricular — BNCC e dos itinerários formativos, considerando os incisos I a V do caput." (Brasil, 1996).

educacionais, OCDE e conservadores que formam sua base de apoio. Movimentos sociais e entidades acadêmicas foram desprezados no debate que concluiu os últimos contornos da BNCC.

O mantra da equidade e igualdade de oportunidades através do currículo nacional se manteve. A escola seria o único caminho para realizar o escopo da redução das desigualdades e erradicação da pobreza, pois viabilizaria os conhecimentos essenciais a que todos têm direito.

Só que essa perspectiva de igualdade e equidade também traz sérios problemas ideológicos e pretendo colaborar com esse debate com a seguinte ilustração:

Figura 2. Igualdade e equidade

IGUALDADE

Tratar todos iguais

Tratar diferente os diferentes

Fonte: GOOGLE, 2018.

BASE NACIONAL COMUM CURRICULAR 83

A ilustração nos revela que devemos promover compensações aos inferiorizados por um sistema estruturalmente desigual. Entretanto, há algumas perguntas que devem ser feitas sobre a figura: *Que jogo que é esse?; Quem o escolheu?; Todos querem assistir? Por que assistir a esse jogo?*

Essas perguntas se relacionam diretamente com a escola e o conhecimento escolar com sua tradição seletiva. O ponto é o seguinte: para promover a igualdade compensando as desigualdades não estamos problematizando o que as crianças podem, querem e devem assistir/aprender e as razões dessas escolhas. Dessa forma, o consenso deseja se estabelecer tanto no que toca à promoção da equidade como no que se refere ao lugar onde devemos chegar com essa promoção.

Essa questão precisa ser analisada criticamente, pois, ao se colocar sobre as ideologias em disputa, a BNCC pretende ser *"o jogo"* que todo mundo quer e deve assistir. Ela pretende ser o consenso puro e simples do que se deve ensinar e se deve aprender nas escolas de todo o país.

No entanto, o Conselho Nacional de Educação, com três votos contrários[20], entendeu que esse é o jogo a ser assistido e ignorou as questões ideológicas que tocam, especialmente, às nossas matrizes afro-brasileiras e indígenas, ao gênero e ao processo de alfabetização.

O Ministério da Educação, através de seu Ministro, assim se posicionou após a aprovação:

"Com a BNCC, o Brasil se alinha aos melhores e mais qualificados sistemas educacionais do mundo, que já se organizam em torno de

---

20. Em votação histórica, mesmo após a alteração da composição do Conselho Nacional de Educação pelo Governo fruto do golpe, as Conselheiras Aurina Oliveira Santana, Malvina Tania Tuttman e Márcia Angela da Silva Aguiar apresentaram pedido de vista e voto em contrário à homologação da BNCC. (Aguiar; Dourado, 2018).

uma base comum", destacou o ministro Mendonça Filho, ao explicar que o texto aprovado no CNE passará por revisão técnica e análise jurídica no MEC antes da homologação. "Vamos entregar aos brasileiros um texto plural e contemporâneo, que terá papel crucial na melhoria da qualidade e da equidade da educação no Brasil", garantiu o ministro. (MEC, 2017).

Comemorou o alinhamento com sistemas educacionais do mundo e expôs sua visão estreita de pluralidade dentro do comum e centralizador.

A versão da BNCC aprovada traz uma seleção comprometida com o eurocentrismo como direitos de aprendizagens na disciplina de História, antecipação do processo de Alfabetização para o Ensino Infantil como forma de responsabilização e pressão sobre professores e escolas públicas; abandona questões de gênero e étnico-raciais em prol de multiculturalismo liberal, sendo que as Histórias e Culturas Afro-brasileira e Indígenas ocupam mais notas de rodapé do que o próprio corpo da BNCC (MEC, 2018); e insere o Ensino Religioso no Ensino Fundamental como forma de atender a interesses de grupos fundamentalistas religiosos que desejam ver na escola pública espaço para expansão de suas crenças.

Tudo isso evidencia que a Base Nacional Comum Curricular se constituiu em campo de intensas disputas ideológicas na sua construção e aprovação, mas que uma visão hegemônica burguesa acabou por aprisionar o debate com a atenção voltada para um tecnicismo excludente. Como proposta curricular que é, a BNCC deveria ter considerado que vivemos em uma sociedade que é e se deseja plural e democrática.

Como nesse tópico nos dedicamos a apresentar e afirmar que a BNCC é currículo, vale trazer perspectivas que fundamentam a necessidade de um currículo nacional como forma de correção dos problemas educacionais. São teóricos que se dedicam ao estudo da educação como objeto de estudo e não como negócio que é regido pela lógica de mercado.

A legitimidade de uma Base Nacional Comum: um diálogo com Young e Saviani[21]

No debate educacional, a busca de interlocutores que se preocupam com a qualidade da educação para além da lógica que o mercado deseja, é fundamental para uma compreensão adequada dos problemas que a escola e o currículo enfrentam. Nesse sentido, há estudos sobre o currículo nacional que se desejam hegemônicos e neutros quando visivelmente se situam no seio da defesa de uma sociedade desigual. Estudos e seminários promovidos por reformadores empresariais estão imbuídos dessa lógica e são, parafraseando Marx (2008), *vulgares*. Deveriam fazer claramente a defesa de uma sociedade que é *para ser* desigual, pois não desejam qualquer tipo de igualdade, nem de oportunidades. Lado outro, há educadores, continuando a paráfrase, *clássicos* que não negam o caráter ideológico da educação, mas entendem mesmo assim a necessidade de um currículo nacional. É como esses que pretendemos dialogar.

---

21. Essa análise tem como ponto de partida os estudos apresentados na comunicação oral, na 37ª Reunião da ANPEd, *"Conhecimento poderoso e conhecimento contextualizado: o currículo entre Young e Freire"*, de Zanardi (2013) e o artigo "As concepções marxistas da pedagogia histórico-crítica de Dermeval Saviani em relação à temática do conhecimento: contribuições ao currículo", de Ribeiro e Zanardi (2018) (no prelo).

É a Base o conhecimento poderoso de Young?

Uma importante referência para compreensão da defesa de um currículo nacional é o educador inglês Michael Young. Para ele, a escola tem o papel primordial de distribuir o que chamou de *Conhecimento Poderoso*, que se refere a um currículo que brota de conhecimentos propostos por especialistas.

Nas palavras do educador inglês,

> (...) o conhecimento independente de contexto ou conhecimento teórico. Ele fornece generalizações e busca universalidade. Ele fornece uma base para se fazer julgamentos e é geralmente, mas não unicamente, relacionado às ciências. É esse conhecimento independente de contexto que é, pelo menos potencialmente, adquirido na escola e é a ele que me refiro como conhecimento poderoso (2007, p. 1.296).

Young faz uma defesa enfática da função escolar de transmissão do conhecimento. Acaba por determinar que o conhecimento poderoso — verdadeiramente útil — é o conhecimento especializado. (2007, p. 1.295).

Ao defender o direito à educação, ele a partir da seguinte questão: *"Qual é o conhecimento a que os alunos têm direito?"* (2013). Ora, sob qualquer perspectiva, essa é uma questão fundamental para o currículo. E é daí que Young avança na ideia do conhecimento poderoso que é compatível com a Base Nacional Comum Curricular de 2017.

Vejamos as características-chave do conhecimento poderoso:

- Ele é especializado, tanto na maneira como é produzido (em cursos, seminários e laboratórios) quanto na maneira como é transmitido

BASE NACIONAL COMUM CURRICULAR 87

(em escolas, faculdades e universidades), e essa especialização se expressa na fronteira entre áreas de conhecimento e disciplinas escolares que definem seu foco e seus objetos de estudo. Em outras palavras, não me refiro ao conhecimento geral. Isso não significa que os limites sejam fixos e imutáveis. No entanto, significa que o aprendizado e a pesquisa interdisciplinar dependem do conhecimento baseado nas áreas disciplinares.

- Ele é diferente das experiências que os alunos levam para a escola ou que os estudantes mais velhos levam para a faculdade ou a universidade. Essa diferença expressa-se nos limites conceituais entre o conhecimento cotidiano e o escolar (Young, 2013, p. 235).

Essa confiança de Young na comunidade de especialistas é tributária de um currículo que desconfia do potencial transformador que o contexto vivido, do diálogo e da problematização como princípios orientadores da construção curricular.

Para Young (2007; 2010; 2011; 2013; 2016), o papel do currículo é a transmissão do conhecimento especializado, que é universal e objetivo, patrimônio da humanidade, a todos os alunos, especialmente de camadas populares. Ele defende que não cabe à escola, e, portanto, ao currículo, o trabalho com os saberes da experiência dos alunos. Em passagem elucidativa, Young coloca, em termos mais precisos, que "o conhecimento a que os alunos têm direito" é um "conhecimento melhor e útil" (2013, p. 234), sendo este o conhecimento, por ele, adjetivado como poderoso.

A utilidade deste conhecimento residiria na sua validade para qualquer contexto, ou seja, se constituiria em um conhecimento "independente de contexto ou conhecimento teórico" (2007, p. 1296).

É desenvolvido para fornecer generalizações e busca a universalidade. Ele fornece uma base para se fazer julgamentos e é geralmente, mas não unicamente, relacionado às ciências. É esse conhecimento independente de contexto que é, pelo menos potencialmente, adquirido na escola e é a ele que me refiro como conhecimento poderoso. (Young, 2007, p. 1296).

Há a nítida a ênfase na transmissão do conhecimento poderoso e certo desprezo pelos saberes da experiência.

Para esta elaboração, Young recorre a outro conhecido curriculista inglês, Basil Bernstein, que traz os conceitos *classificação* e *enquadramento* para o campo do conhecimento escolar.

> Bernstein começa conceituando as fronteiras em termos de duas dimensões. Primeiramente, ele faz uma distinção entre a *classificação* do conhecimento — ou o grau de isolamento entre domínios de conhecimento — e o *enquadramento* do conhecimento — o grau de isolamento entre o conhecimento escolar ou o currículo e o conhecimento cotidiano que os alunos trazem para a escola. Em segundo lugar, ele sugere que a *classificação* do conhecimento pode ser *forte* — quando os domínios são altamente isolados um do outro (como no caso de física e história) — ou *fraca* — quando há baixos níveis de isolamento entre domínios (como nos currículos de humanidades ou ciências). Da mesma forma, o *enquadramento* pode ser *forte* — quando o conhecimento escolar e o não-escolar são isolados um do outro, ou *fraco*, quando as fronteiras entre o conhecimento escolar e o não-escolar são diluídas (como no caso de muitos programas de educação adulta e alguns currículos planejados para alunos menos capazes). (Young, 2007, p. 1297).

Young deseja assim um conhecimento especializado em que haja o isolamento dos domínios das áreas (*classificação forte*), bem como uma rígida fronteira entre o conhecimento considerado escolar e o considerado não escolar (*enquadramento forte*).

Nos últimos artigos de Young (2007; 2011; 2013; 2016), amplamente divulgados nas revistas científicas brasileiras (na esteira de uma Base Nacional Comum Curricular), o que se revela é uma fé na comunidade de especialista como a protagonista na seleção dos conhecimentos a serem escolarizados.

Young defende, também, que a superação da desigualdade na entrega dos conhecimentos seria um importante instrumento para superação das desigualdades sofridas pelos alunos de origem mais pobre. No entanto, Young não revela, pelo menos nesses últimos trabalhos, qualquer preocupação com a análise do ambiente que produz estas desigualdades que as crianças trazem para as escolas. Centra-se na necessidade de uma rigidez na transmissão de conhecimentos teóricos e conceituais sem qualquer vínculo com o contexto vivido. Nem poderia haver essa preocupação, pois, como a concepção de currículo foi fortemente demarcada, a compreensão de como a desigualdade e a diferença passarão por essa demarcação está sob a responsabilidade dos especialistas. É o *a priori* do conhecimento poderoso a capacidade de seleção dos especialistas.

É um pressuposto para o conhecimento poderoso que questões de poder e de divisão do trabalho se resolverão através da classificação e do enquadramento realizados pelos especialistas independentemente do contexto e da realidade vivida pelos sujeitos a serem educados.

O curriculista inglês renova, através de seu conceito de conhecimento poderoso, o gerenciamento científico característico das teorias tradicionais do currículo e fortalece a manipulação da educação escolarizada com a consagração e mitificação da transmissão do conhecimento especializado que pretende ser universalizado. Evidencia-se, na teoria de Young, a busca de certezas a serem transmitidas pela escola que desconsidera o papel de professores e alunos como sujeitos produtores de conhecimento valiosos para o currículo.

Para o curriculista inglês, "onde o mundo é tratado como um 'objeto de pensamento' e não como um 'lugar de experiência'" (Young, 2011, p. 616).

O currículo do conhecimento poderoso de Young deixa o mundo vivido na porta da escola como se esse não tivesse relação indissociável com os conhecimentos especializados, seja por questioná-los, seja para que esse forneça as explicações necessárias para a compreensão deste mundo.

O conhecimento objetivo de Demerval Saviani proporcionaria um currículo nacional?

Não cometeria a *"heresia"* de situar a pedagogia Histórico-crítica na perspectiva que emana de um currículo nacional (BNCC) altamente comprometida com a lógica do capital. Essa advertência serve para estabelecer aqui um diálogo que se vincula às considerações sobre a necessidade de um currículo nacional e quais seriam suas fontes legitimadoras.

Para pensar o conhecimento nessa perspectiva, é necessário compreender que, para Saviani (2003; 2016), o saber objetivo convertido em saber escolar é um dos elementos centrais da Pedagogia Histórico-crítica.

Para Saviani (2003, p. 7), "dizer que determinado conhecimento é universal significa dizer que ele é objetivo", ou seja, ele expressa leis que regem a existência dos fenômenos, então, trata-se de algo cuja validade é universal. Ele observa que isso se aplica tanto aos fenômenos naturais como sociais, e completa: "Assim, o conhecimento das leis que regem a natureza tem caráter universal, portanto, sua validade ultrapassa os interesses particulares de pessoas, classes, épocas e lugar" (Saviani, 2003, p. 7).

O saber que interessa especificamente à educação é aquele que "emerge como resultado do processo de aprendizagem, como resultado do trabalho educativo" (Saviani, 2003, p. 7). Mas para chegar nesse resultado é preciso tomar como matéria-prima o saber objetivo produzido historicamente.

Com essa explicação, é reiterada a importância da historicização como elemento central para se compreender a questão da objetividade e da universalidade, sem relacioná-las, portanto, com a neutralidade pressuposta pelos positivistas. Com isso, Saviani (2003; 2003b) deixa claro qual saber deve ser transmitido na escola, conforme os fundamentos histórico-críticos: o saber objetivo.

Segundo Duarte (2016), quando Dermeval Saviani define o saber objetivo como elemento central da Pedagogia Histórico-crítica, delimitando-o como saber que deve compor necessariamente o currículo escolar, isso não significa defender um tipo de saber asséptico ou pretensamente neutro, pautado no raciocínio positivista. Ao contrário, Saviani (2003b) argumenta que é possível negar a neutralidade e afirmar a objetividade. Isso é possível, pois não existe saber desinteressado, porém não é todo interesse que impede a objetividade (Duarte, 2016). Objetividade não é sinônimo de neutralidade. Saviani esclarece essa questão:

> Importa, pois, compreender que a questão da neutralidade (ou não-neutralidade) é uma questão ideológica, isto é, diz respeito ao caráter interessado ou não do conhecimento, enquanto objetividade (ou não objetividade) é uma questão gnosiológica, isto é, diz respeito à correspondência ou não do conhecimento com a realidade à qual se

refere. Por aí se pode perceber que não existe nenhum conhecimento desinteressado; portanto, a neutralidade é impossível. Entretanto, o caráter sempre interessado do conhecimento não significa a impossibilidade da objetividade. (2003, p. 57).

Podemos perceber que Saviani se distancia bem do conhecimento poderoso de Young no tocante à neutralidade de sua escolha. Para a Pedagogia Histórico-crítica, o conhecimento é interessado, sendo que o que importa é sua relação com a materialidade das relações humanas.

[...] sabemos que as concepções que os homens elaboram não têm apenas um caráter gnosiológico, isto é, relativo ao conhecimento da realidade, mas também ideológico, isto é, relativo aos interesses e necessidades humanas. Em suma, o conhecimento nunca é neutro, ou seja, desinteressado e imparcial (...) Mas esses dois aspectos não se confundem, não se excluem mutuamente e também não se negam reciprocamente. Ou seja: não se trata de considerar que os interesses impedem o conhecimento objetivo nem que este exclui os interesses. Os interesses impelem os conhecimentos e, ao mesmo tempo, os circunscrevem dentro de determinados limites. (Saviani, 2012, p. 66).

No entanto, assim como Young se inclina para conhecimentos entendidos como universais, Saviani segue nesse caminho ao deslindar a característica do saber objetivo.

O saber escolar pressupõe a existência do saber objetivo (e universal). Aliás, o que se convencionou chamar de saber escolar não é outra coisa senão a organização sequencial e gradativa do saber objetivo, disponível numa etapa histórica determinada para efeito de sua transmissão-assimilação ao longo do processo de escolarização. (Saviani, 2012, p. 62).

BASE NACIONAL COMUM CURRICULAR

O currículo seria, então, o saber objetivo organizado e sequenciado de maneira a possibilitar seu ensino e sua aprendizagem ao longo do processo de escolarização.

Assim, a Pedagogia Histórico-crítica considera como prioritário que na escola sejam trabalhados os conteúdos num processo educativo intencional, e isso representa um trabalho com o conhecimento objetivo e universal, portanto, compreende que o conhecimento tem um caráter histórico. Desse modo, é o conhecimento científico, bem como o artístico e o filosófico, que devem ser considerados na organização do currículo juntamente com sua vinculação às exigências teóricas e práticas da formação dos homens.

A BNCC, nesse contexto, faria todo o sentido desde que revolucionária e materialista. A questão do currículo nacional adequada para a Pedagogia Histórico-crítica tem suas bases materialistas e no saber objetivo. Ocorre, no entanto, que Saviani (1996; 2003; 2003b; 2012; 2016) sabe que o saber escolar é dominado pela elite burguesa e luta pela socialização e apropriação pela classe trabalhadora desses conhecimentos. Ele explica: "Daí a conclusão: esse saber, que, de si, não é burguês, serve, no entanto, aos interesses burgueses, uma vez que a burguesia dele se apropria, colocando-o a seu serviço e o sonega das classes trabalhadoras" (Saviani, 2003, p. 55). Ou seja, não é pelo fato de ser dominado pela burguesia que esse saber deva ser intrinsecamente burguês.

Um currículo nacional, para Saviani, teria o condão de permitir essa socialização e apropriação, para a classe trabalhadora, de conhecimentos que, tradicionalmente, são acessíveis tão somente à burguesia.

Como se percebe, Saviani deposita uma confiança nos saberes universais e não se preocupa com a tradição seletiva que estabelece quais são os conhecimentos que devem ser distribuídos. Há um desprezo pelos horizontes que a própria burguesia deseja construir para ela e para as classes trabalhadoras.

A confiança no "universal" por Saviani (2003a, p. 13) ainda é detalhada da seguinte forma: "Trata-se de distinguir entre o essencial e o acidental, o principal e o secundário, o fundamental e o acessório" na ação de selecionar conteúdos. Distinguir entre o principal, fundamental, e o secundário, em outras palavras, significa dizer que o autor defende a socialização dos clássicos, entendido por ele como esse elemento essencial é fundamental: "Clássico, em verdade, é o que resistiu ao tempo. É neste sentido que se fala na cultura greco-romana como clássica, que Kant e Hegel são clássicos da filosofia, Victor Hugo é um clássico da literatura universal, Guimarães" (Saviani, 2003a, p. 18).

Tanto Saviani (2003) quanto Duarte (2016) concebem o clássico como aquele conhecimento que extrapola o tempo, isto é, o momento em que foi produzido. Relaciona-se, portanto, a sua capacidade de permanência histórica e ao mesmo tempo se torna referência.

No campo do currículo e de proposta de um currículo nacional, é possível afirmar que o saber objetivo e o conhecimento poderoso apresentam semelhanças quando pensamos que a comunidade de especialistas assume uma perspectiva materialista-histórica. Young não adentra nessa questão, nem Saviani assinala quem faria a escolha por esses saberes objetivos, mas, indubitavelmente, um currículo nacional com essa roupagem não é o mesmo que o Movimento Todos pela Educação sonhou.

Fica evidente que, para Saviani (2003; 2003a; 2012), a função da escola, tal qual para Michael Young, é a transmissão-assimilação do saber sistematizado, e é partindo dessa premissa que o autor compreende currículo como: "(...) a organização do conjunto das atividades nucleares distribuídas no espaço e tempo escolares. Um currículo é, pois, uma escola funcionando, quer dizer uma escola desempenhando a função que lhe é própria." (Saviani, 2003a, p.18). O autor pondera ainda que para existir a escola não basta a existência do saber sistematizado. É necessário viabilizar as condições de sua transmissão e assimilação. "Isso implica dosá-lo e sequenciá-lo de modo que a criança passe gradativamente do seu não domínio ao seu domínio" (Saviani, 2003a, p. 18). E conclui: "Ora, o saber dosado e sequenciado para efeitos de sua transmissão e assimilação no espaço escolar, ao longo de um tempo determinado, é o que nós convencionamos chamar de saber escolar". (Saviani, 2003a, p. 18)

As críticas das associações de pesquisa

O caso da BNCC e as associações de pesquisas acadêmicas é um capítulo à parte no seu desenrolar. As associações, especialmente, da Associação Nacional de Pesquisa em Educação (ANPEd), sempre canalizaram críticas não só ao conteúdo da BNCC, mas à metodologia e à própria concepção de currículo nacional que a BNCC incorpora.

Em outubro de 2015, foi aprovada na 37ª Assembleia Geral da Reunião Nacional da ANPEd uma moção contrária à BNCC em que se explicita a oposição a um currículo nacional:

> BNCC não contempla as dimensões de diversidade na educação brasileira, o que coloca em risco de retrocesso toda política educacional e ambiental no país, expressa hoje na Resolução n. 2/2012 do CNE que estabelece as Diretrizes Curriculares para a Educação Ambiental. Os associados reafirmam seu posicionamento contrário à Base Nacional Comum Curricular tanto pela sua metodologia de elaboração

quanto às evidentes implicações nos processos de avaliação de ensino e aprendizagem, na homogeneização das matrizes curriculares, na formação de professores e na autonomia. (ANPEd, 2015)

Assim, desde a primeira versão da BNCC, a ANPEd foi uma das maiores protagonistas na oposição ao processo de construção de uma proposta de currículo nacional. Foram várias notas, que juntamente com a Associação Brasileira de Currículo (ABdC), buscaram desvelar criticamente os limites da BNCC com sua proposta centralizadora de currículo.

Em evento promovido pela ANPEd em 2016, houve o posicionamento de 13 entidades[22] que foi assim sintetizado:

> Cada uma delas contou com pouco mais de 10 minutos para expor posicionamentos e histórico de ações em torno do tema. Apesar da diversidade de opiniões, algumas críticas com relação à BNCC foram praticamente unânimes, como a problemática centralização no desempenho e avaliação, a visão tecnicista e unificadora, a desconsideração da construção dos saberes cotidianos, do histórico de conquistas e das Diretrizes Curriculares, o não reconhecimento das condições de trabalho dos professores, a eleição de conceitos e conteúdos controversos, que não garantem a diversidade, além do próprio atropelo de prazos da construção da Base. (ANPEd, 2016)[23].

Além da Moção, a ANPEd já havia remetido ao Ministério da Educação um documento com o detalhamento de seus apontamentos em que discriminava os limites da versão apresentada no tocante aos processos desenvolvidos e ao seu conteúdo.

---

22. Estiveram presentes entidades ligadas a áreas diversas como Educação, Biologia, História, Educação Física, Sociologia e Psicologia, dentre outras. (ANPEd, 2018).

23. Como se percebe, essa não era ainda a versão definitiva que foi aprovada em 2017.

Ainda em 2015, a ANPEd apresentou um documento mais sintético sobre a BNCC que contempla os seguintes pontos (críticos):

1. *Diversidade versus uniformização.*
2. *Nacional como homogêneo: um perigo para a democracia.*
3. *Os entendimentos do Direito à Aprendizagem.*
4. *Conteúdo não é Base.*
5. *O que não se diz sobre as experiências internacionais.*
6. *Gestão democrática versus responsabilização.*
7. *A Base e a avaliação.*
8. *Desqualificação do trabalho docente: unificação curricular e avaliação externa.*
9. *Metodologia da construção da Base: pressa, indicação e indefinição.*
   (ANPEd, 2015b)

Impossível deixar de reiterar que essas críticas foram feitas à primeira versão da BNCC que se desenvolvia com uma suposta participação popular e que era construída com especialistas de todas as áreas. Havia uma proposta participativa, em que pese a centralização ser da natureza do processo de um currículo nacional.

O que se deseja explicitar é que a ANPEd e ABdC são contrárias a uma ideia de currículo nacional. Para tanto, basta retomar os primeiros itens acima indicados para que não haja dúvidas. Nas questões da *Diversidade versus uniformização* e *Nacional como homogêneo: um perigo para democracia*, a diversidade expõe a incompatibilidade da unidade na diversidade. Já a proposta de homogeneização do currículo nacionalmente coloca em perigo a pluralidade necessária para a democracia. No item "Os entendimentos do Direito à Aprendizagem", desvelam-se as possibilidades que a LDB ofereceria para uma proposta de formação, mas que, na BNCC, acaba por se limitar a listagens de objetos de conhecimento, competências e habilidades.

No quarto item, "Conteúdo não é Base", a questão da problematização do que poderia ser uma base emerge contundente e com um teor profético.

> Nesse sentido, discordamos veementemente da possibilidade de construir qualquer "Base" cujo limite seja tênue entre o que se entende por "orientações estruturadoras" para "redes e escolas" e o estabelecimento detalhado de relações teóricas, de valores, de conhecimentos, ou seja, de um "currículo mínimo", único. Os processos locais e autônomos que, reiteramos, devem ser parte dos debates e formulações curriculares não podem nem devem ser percebidos como "parte diversificada", na medida em que não são separáveis, epistemológica nem politicamente, dos contextos em que são produzidos, nem do conjunto de conteúdos selecionados para integrar toda e qualquer proposta curricular. Nesse sentido, e indo além, é importante assinalar que, em tempos de ruptura e questionamento dos campos disciplinares em todo o mundo, a construção de uma Base Nacional Comum Curricular a partir, e somente orientada por conteúdos definidos por especialistas em diferentes áreas do conhecimento, *é uma proposta natimorta*. (ANPEd, 2015, grifos nossos).

Na 38ª Reunião da ANPEd, a BNCC também foi tematizada e, coerentemente, hostilizada pela associação, em razão do Golpe de 2016 ter trazido seu autoritarismo, conservadorismo e claro compromisso com a lógica do capital para dentro do processo de elaboração da terceira versão da BNCC. Houve o claro o abandono das 12 milhões de contribuições e os esvaziamentos do Fórum Nacional de Educação e do Conselho Nacional de Educação[24]. (ANPEd, 2017)

Como afirma Elizabeth Macedo (2018), *"habemus base"* e a profecia de uma BNCC natimorta, pelo menos, no aspecto formal do currículo não se realizou. A questão, que se coloca para aqueles que não estão de acordo com a ideia de currículo nacional, é enfrentar essa questão, pois a escola não pode ser aprisionada pela lógica do mercado e do apostilamento[25] através de um projeto que busca homogeneizar a diferença, interromper o movimento dialético das relações humanas na construção do conhecimento desumanizando cada vez mais o processo educacional escolarizado.

---

24. O CNE aprovou a BNCC do Ensino Infantil e do Ensino Fundamental em dezembro de 2017. Apenas dois meses após a realização daquela reunião da ANPEd.

25. O mercado de livros didáticos sempre foi um alvo das grandes editoras em razão dos recursos (116 milhões de reais em 2016) que o Programa Nacional do Livro Didático (PNLD) recebe anualmente. Diante de um currículo nacional, a lógica do apostilamento se tornará cada vez mais intensa. Não foi por outro motivo que o megagrupo empresarial Kroton adquiriu, de uma só vez, em 2018, as editoras Scipione, Ática e Saraiva.

4

BNCC e Educação das Novas Gerações:
Limites Conceituais

O objetivo deste capítulo é problematizar a correlação entre a BNCC e a Educação das novas gerações. Partimos do entendimento de que a primeira etapa da educação básica é um campo de contínuas disputas teórico-metodológicas e políticas, cujas tensões se expressaram nas diferentes versões do documento referente à Base Nacional Comum Curricular.

Observamos que há uma contínua luta pela imposição de um modelo curricular, para a educação da infância e essa luta fica ainda mais evidente na pesquisa e no debate contemporâneo tanto em nível nacional quanto internacional.

No Brasil, no entanto, tais disputas refletem a influência dominante de modelos assistencialistas, de um lado, e escolarizantes, de outro, presentes ainda nos discursos e nas estruturas de políticas que determinam abordagens de currículo, pedagogia e avaliação para a educação de crianças e jovens. (Rizzini; Gondra,

2014) Concentrando-nos na educação infantil, argumentamos que essa luta gera questões críticas sobre três temas significativos no âmbito da teoria do currículo: conteúdo, coerência e acompanhamento tanto dos adultos quanto das crianças.

Analisamos algumas posições a partir das quais esses temas podem ser compreendidos: a partir de teorias do desenvolvimento, das pesquisas educacionais, das teorias sociais, antropológicas, históricas, culturais, geográficas e as estruturas políticas contemporâneas. Argumentamos que dentro e entre essas posições, o conteúdo, a coerência e o controle do currículo são vistos de maneiras diferentes e às vezes opostas.

Consideramos que algumas dessas lutas contínuas são fundamentais para explorar as diferentes implicações sobre como o conteúdo, a coerência e o controle sobre o currículo podem ser compreendidos.

Neste sentido, fazer perguntas críticas à BNCC para a Educação Infantil e Anos Iniciais do Ensino Fundamental é um esforço necessário para desenvolver quadros teóricos alternativos para o entendimento das maneiras pelas quais o currículo pode ser considerado juntamente com a pedagogia, a avaliação, o ato de brincar, a aprendizagem, e os cuidados para com as crianças pequenas e muito pequenininhas, com as formas de ensinar e aprender no ensino fundamental, com as possibilidades amplas de alfabetização e letramento das crianças a partir dos 6 anos de idade.

Embora estas lutas pelo controle de decisões políticas sobre a educação de infância tenham historicamente focalizado diferentes ideologias, teorias e abordagens, as influências mais recentes emanaram de discursos políticos que operam a nível nacional e supranacional, como, por exemplo, as discussões sobre os programas Brasil Carinhoso, Família Brasileira Fortalecida e

Bolsa Família, como também os documentos construídos com o apoio da Unesco, como é o caso da publicação *Educação Infantil em países do Mercosul*, elaborado em parceria com o Ministério da Educação do Brasil. (Campos; Campos, 2009; Dias; Campos, 2015). Tanto os projetos Brasil Carinhoso, Família Brasileira Fortalecida e Bolsa Família como as ações supranacionais sobre educação e cuidados na primeira infância visam fornecer subsídios para que, no caso do nosso país, o poder público possa proporcionar a todas as crianças o melhor começo para o mundo de amanhã, ou seja, são ações políticas que inscrevem as crianças na lógica do vir-a-ser, concebendo-as como futuros adultos, porém, centrando pouco nas especificidades das crianças no presente.

A opção por enfocar o futuro das crianças em detrimento de seu presente coloca em destaque questões críticas sobre conteúdo, coerência e controle do currículo por organismos governamentais. A teoria do currículo na Educação da infância continua, de certo modo, "subdesenvolvida", em parte devido à influência teórica dominante da Psicologia do Desenvolvimento de base biologista e de vertentes conservadoras da Educação, que veem a criança como um corpo em desenvolvimento, a-histórico, sem vínculo sociocultural, e as suas subsequentes interpretações da teoria do desenvolvimento infantil, características também presentes na ordem argumentativa da BNCC.

As ênfases nos processos de aprendizagem através da descoberta, exploração e brincadeira foram associadas a abordagens de *laissez-faire*, com menos atenção às experiências e os conhecimentos delas decorrentes, em torno das quais os currículos para a crianças deveriam ser tipicamente construídos e os resultados articulados.

A natureza e o lugar do conteúdo curricular na Educação da Infância permaneceram contenciosos inclusive no documento final da BNCC, especificamente na medida em que as crianças pequenas podem e devem se envolver com assuntos, conceitos e decisões sobre o currículo conforme demonstra o estudo de Malleta (2017), ainda que haja significativas mudanças entre a primeira e a terceira versão da base. Além disso, os processos de aprendizagem são vistos como mais importantes do que conteúdo ou resultados numa faixa etária em que a base para a construção dos conhecimentos é a experiência.

Nesse sentido, a teoria do currículo tem sido, de certo modo, "fraca" em relação ao desenvolvimento infantil e às teorias pedagógicas, o que se expressa de forma mais clara no texto final da BNCC. Em contraste, dentro dos quadros de políticas contemporâneas, a terceira versão da base, enquanto documento de controle dos conteúdos e das práticas pedagógicas para a infância, tornou-se o local através do qual conteúdo, coerência e controle estão sendo articulados, como um meio de alinhar a política de educação obrigatória, isto é, a partir dos 4 anos de idade, e assegurar que as crianças atinjam metas educacionais e de prontidão escolar, que, por sua vez, contribuem para objetivos econômicos e sociopolíticos de longo prazo.

Na educação e cuidado da primeira infância, por exemplo, a palavra currículo significa coisas diferentes para pessoas diferentes. Pode significar uma filosofia, um programa, uma abordagem ou um conjunto de materiais e atividades específicos que são comprados como um currículo "em caixa", ou seja, algo que prefeituras tendem a adquirir e implantar em suas redes de ensino de modo impositivo, ou ainda há a imposição de um padrão normativo baseado nos parâmetros curriculares, e, atualmente, a imposição da BNCC de forma descontextualizada e acrítica. Lopes (2018) atenta para o fato de que entes federados demandam do Ministério da Educação orientações curriculares

BASE NACIONAL COMUM CURRICULAR

mais detalhadas, com o argumento de que se sentem incapazes de elaborar suas próprias propostas curriculares. Para a autora, estados e municípios se desobrigam de debater e produzir suas próprias proposições curriculares.

Embora existam muitas definições para o currículo para a infância, todas elas incluem o conceito de metas e planos para as crianças adquirirem habilidades, competência e conhecimentos através de atividades, experiências e oportunidades, ao modo neoliberal[26]. Nesse aspecto, a BNCC não é diferente, apesar dos intensos debates e pressões da sociedade civil organizada para a constituição de uma base democrática e histórica, social e culturalmente referenciada.

Na vertente neoliberal, um dos pesquisadores mais requisitados na atualidade, sobre tais investimentos na primeira infância, é o professor da Universidade de Chicago, James Heckman. Ao ser perguntado por que os estímulos nos primeiros anos de vida são tão decisivos para o sucesso na idade adulta, ele respondeu: "É uma fase em que o cérebro se desenvolve em velocidade frenética e tem um enorme poder de absorção, como uma esponja maleável". As primeiras impressões e experiências na vida preparam o terreno sobre o qual o conhecimento e as emoções vão se desenvolver mais tarde. Se essa base for frágil, as chances de

---

26. De acordo com Hartwitch (2009) Neoliberalismo é um conceito que designa a adaptação dos princípios do liberalismo clássico às exigências de um modelo de Estado. Este termo foi utilizado em duas épocas diferentes com dois significados semelhantes, porém distintos: a) na primeira metade do século XX, significou a doutrina proposta por economistas franceses, alemães e norte-americanos voltada para a adaptação dos princípios do liberalismo clássico às exigências de um Estado regulador e assistencialista; b) a partir da década de 1960, passou a significar a doutrina econômica que defende a absoluta liberdade de mercado e uma restrição à intervenção estatal sobre a economia, só devendo esta ocorrer em setores imprescindíveis e ainda assim num grau mínimo (minarquia). É nesse segundo sentido que o termo é mais usado hoje em dia. É sobre esse último significado que nos referimos neste estudo.

sucesso cairão; se ela for sólida, vão disparar na mesma proporção. Em vista de suas afirmações, Heckman defende a ideia de oferecer estímulos às crianças desde muito cedo.

Heckman realizou estudos longitudinais a partir da primeira infância até a vida adulta, especialmente no que se refere à qualidade da educação oferecida já na primeira infância. Nesse caso, em particular, ele procurou compreender a diferença na vida futura de crianças que tiveram a oportunidade ou não de ter acesso à educação integral, na qual as habilidades socioemocionais, como colaboração e abertura ao novo fazem parte do cotidiano escolar. Ele chegou a várias conclusões, entre elas, que crianças que tiveram as habilidades socioemocionais trabalhadas na primeira infância têm 35% menos chances de ter problemas prisionais na vida adulta. Ele também verificou que essas crianças têm ainda 44% maiores chances de concluir a educação básica. Porém, seus estudos não oferecem pistas sobre a superação das desigualdades sociais, nem sobre subordinações sociais de classe, gênero, etnia, geração, entre outras, o que conduz a um modelo de educação que protege o rico e disciplina o pobre para a submissão.

A Educação da Infância e a BNCC: uma correlação "simplesmente complexa"

As crianças em condições adequadas de saúde, alimentação e proteção estão frequentemente ansiosas para aprender e experimentar coisas novas. Suas atividades cotidianas consistem em brincar, experimentar e aprender. Profissionais de educação básica sabem que as crianças aprendem quando todos os domínios de desenvolvimento físico, psicológico, social e cultural são apoiados. Esses profissionais que fornecem atividades e experiências que integram todos os domínios estão lidando com as necessidades da "criança inteira". O trabalho de professores (homens e mulheres) desde a Educação Infantil, que consiste em pensar o espaço adequado às crianças, às suas brincadeiras, é planejar e reconhecer o aprendizado que está ocorrendo nas atividades lúdicas, no faz de conta, nas interações sociais, e nos conhecimentos sistematizados a elas oferecido a partir dos seis anos de idade, no que se refere a conceitos matemáticos mais elaborados e aos processos de letramento. Proporcionar uma variedade de experiências e oportunidades, que são acessadas por meio de diferentes sistemas de distribuição, como livre escolha, atividades para pequenos grupos e grupos grandes, buscando satisfazer as diferentes necessidades das crianças. Sobre esses aspectos do cotidiano, a BNCC é lacunar, incluindo afirmações genéricas e pretensamente autoexplicativas, como por exemplo a ideia de cuidar e educar, ou ainda, a ideia de campos de experiência, ambas conceitualmente não desenvolvidas, além de uma sensível ruptura entre os cânones da Educação Infantil e do ensino fundamental, operando por uma ruptura no modo de educar as crianças.

Destacamos que tanto o currículo quanto a programação pedagógica para a Educação Infantil e os cuidados começam no momento em que a criança entra pela porta da creche ou pré-escola, trazendo consigo uma bagagem sociocultural e histórica, que precisa ser considerada. Ter rotinas diárias, fornecer condições adequadas para seu pleno desenvolvimento como sujeitos de direitos, constituídos por seus grupos sociais de pertença, com emoções e necessidades básicas por suprir, requer atividades estruturadas e não estruturadas, prevista e imprevistas, as quais fazem parte do dia a dia de uma criança.

Ao compreendermos essa especificidade, entendemos que a educação de infância não se concretiza com a imposição de um currículo mínimo padronizado, mas na indissociabilidade da tríade pedagógica educar-formar-ensinar.

Ensinar-Formar e educar as novas gerações

O legado do pensamento crítico possibilitou refletir sobre a educação de infância na sociedade capitalista do pós-guerra, cujas bases de teorização auxiliam a compreensão de fenômenos educacionais contemporâneos, apresentando um importante potencial pedagógico, por meio de conceitos fundamentais, dentre eles o conceito de esclarecimento, desenvolvido por Immanuel Kant (2011), o conceito de formação, conforme definido por Theodor Adorno e Max Horkheimer, o conceito de experiência conforme desenvolvido por Walter Benjamin, entre outros.

No pensamento de Adorno e Horkheimer (1985) o esclarecimento (*Aufklarung*) somente é possível a partir da Formação, entendida como *Bildung*, constituindo ambos (*Aufklärung e Bildung*) os conceitos fundamentais da Teoria Crítica, cujo registro encontra-se na *Dialética do Esclarecimento* (*Dialektik der Aufklärung*). De acordo com Reis (2015, p. 72):

O conceito de *Bildung* (formação) teve origem no século XVIII, na língua alemã. A palavra *Bildung* não possui equivalente em outras línguas, e esse fato torna mais complexa a compreensão desse conceito. Essa particularidade do conceito pode ser percebida quando buscamos palavras semelhantes em outras línguas: em francês, a palavra mais próxima seria *formation*; em inglês, seria *formation*. Porém, de acordo com Adorno e Horkheimer (1985), esses termos são incapazes de expressar a complexidade do conceito de *Bildung*, são, no máximo, reproduções mecânicas dele. Para as Ciências da Educação, é constitutivo o princípio que afirma que a educação e a *Bildung* têm como objetivo a autonomia do sujeito, o que equivale a afirmar que a motivação que orienta o conhecimento nas Ciências da Educação é a emancipação.

O entendimento de emancipação foi formulado anteriormente por Wolfgang Klafki (1976, apud Gur-Ze'ev, 2005) e difere da ideia básica da *geisteswissenschaftliche Pädagogik*, também conhecida como uma defensora da autonomia individual. Seguindo essa orientação de pensamento, o conceito de autonomia está relacionado unicamente ao sujeito singular capaz de pensar por si mesmo sem a condução de outrem, enquanto que, no âmbito da Ciência Crítica da Educação, a *Bildung* dirige-se à sociedade como um todo.

Para a Teoria Crítica, as atitudes dos indivíduos e suas relações são limitadas por regulamentos, normas e monopólios, sejam eles corporativos ou estatais, desenvolvendo nos indivíduos a *Halbbildung*, isto é, a semiformação socializada.

Tal análise possibilita esclarecer a crítica entre a *Halbbildung* presente na educação de infância na BNCC, e os conceitos de *Erleben* (vivência no sentido freudiano), *Erlebnis* (vivência) e *Erfarung* (designa experiência, em oposição a Erlebnis), desenvolvidos por Walter Benjamim, importantes para a compreensão da experiência contemporânea de educação de infância.

Tal reflexão se faz urgente quando consideramos que essa relação atualmente é condicionada pelos imperativos decorrentes de um projeto político social ainda bastante importante no campo da educação e que diz respeito à formação do homem neoliberal, como vimos anteriormente neste texto.

Tomemos de início o conceito de Pedagogia Negativa, conforme formulado por Gruschka (2004). O adjetivo "negativa" que segue o substantivo Pedagogia indica uma negação às pedagogias vigentes, normativas, de caráter prescritivo, isto é, configura-se como um conceito capaz de colocar em questão toda o pensamento pedagógico hegemônico, oferecendo uma crítica a ele. O autor analisa a Pedagogia Negativa como aquela capaz de analisar, a partir da Teoria Social Crítica e seus métodos, a teoria e a prática da educação. O termo educação aqui define a estrutura e o campo de pesquisa, baseada na reconstrução teórico-prática; a pedagogia negativa se aterá à crítica da ideologia presente na relação ensino-aprendizagem, e nos interessa, sobretudo, a denominada antipedagogia, isto é, a renúncia de toda a pedagogização, explicitada no conjunto de normativos regulatórios da BNCC.

Alguns exemplos de Pedagogia da Negação percorrem a história do pensamento pedagógico ocidental. O autor cita, por exemplo, Sócrates e sua recusa em ensinar algo dado de antemão.

Rousseau (1996) com o *Emílio* propõe uma nova pedagogia, portanto uma pedagogia da negação: "A primeira educação deve ser, portanto, puramente negativa, ela não deve ensinar à criança a virtude e a sabedoria, senão proteger seu coração do vício e sua mente (razão) do erro" (p. 40). Gruschka (2004; 2009) reforça a ideia da atualidade da teoria da semiformação, conceito que nos auxiliará na análise da pedagogia implícita na BNCC.

Vislumbramos, portanto, as profundas transformações sociais, políticas, econômicas e culturais que marcaram a segunda metade do século XX, período em que se desenvolve um modelo específico de escola da infância e sua pedagogia, os quais persistem até o início do século XXI. Os procedimentos teórico-metodológicos adotados permitem apontar os requisitos da teoria

BASE NACIONAL COMUM CURRICULAR

crítica adequada à análise da educação de crianças no âmbito do capitalismo contemporâneo.

Para tanto, a noção de experiência, presente na BNCC, é de suma importância para a compreensão do desenvolvimento de uma pedagogia que pretende formar um tipo específico de homem dinâmico, criativo e autorrealizado, enfatizando em sua formação a experiência. O tratamento teórico possibilitado pela teoria da semiformação, e pela teoria social crítica, nos remete a importantes reflexões sobre os conceitos de vivência e experiência, não como sinônimos, mas como conceitos ora complementares, ora divergentes.

Analisar o conceito benjaminiano de experiência (*Erfahrung*) pressupõe fazê-lo em oposição ao conceito de vivência (*Erlebnis*). O termo vivência (*Erlebnis*), na acepção benjaminiana, origina-se do verbo alemão *Erleben*, que significa estar vivo quando um fato acontece (Benjamin, 1991; 2016). Requer a presença viva e o testemunho ocular a um evento. A *Erlebnis* contém, por um lado, a provisoriedade do *Erleben*, do viver, do estar presente e, por outro, o devir que se produz. (Konder, 1998) Reúne a fugacidade do evento e a duração do testemunho, a singularidade do ato de vida e a memória que o conserva e transmite. (Meinez, 2008) *Erlebnis* é a vivência do indivíduo isolado em sua história pessoal, apegado unicamente às exigências de sua existência prática, à sua cotidianidade, é a impressão forte que precisa ser assimilada às pressas, que produz efeitos imediatos.

O homem moderno vive o presente sem laços com o passado, subjugado pelo excesso de apelos que a sociedade de consumo oferece. Tais características estão essencialmente presentes na atual sociedade da informação, na qual a velocidade induz ao esquecimento, não havendo espaço para a memória (Reis e Borges, 2016).

Já a *Erfahrung* é o conhecimento obtido através de uma experiência que se acumula, que se prolonga, que se desdobra, "como numa viagem". Observamos que o sufixo *fahren* em alemão designa a ação de viajar. Assim, o sujeito integrado numa comunidade dispõe de critérios que lhe permitem ir sedimentando as coisas com o tempo. Significa o modo de vida que pressupõe o mesmo universo de linguagem e de prática, associando a vida particular à vida coletiva e estabelecendo um fluxo de correspondências alimentado pela memória.

Na modernidade, no entanto, com o advento da técnica científica, experiência significa prova, demonstração, tentativa ou ensaio (Konder, *op. cit.*). O que equivale ao processo de experimentação enquanto método científico que consiste em observar um fenômeno natural, sob condições determinadas, usando aparatos ou instrumentos que permitam aumentar o conhecimento que se tenha das manifestações ou leis que regem um fenômeno, o que nos remete à dimensão tecnicista similar ao funcionamento mecânico do relógio; no entanto, para Benjamin, a experiência não se esgota na apreensão cognoscível do pensamento racional. Matos (1989, p. 53) reafirma essa noção ao defender que a tradição em Benjamin corresponde à "unidade de um agora que contém o 'absolutamente presente' — como sendo unidade do presente, do futuro e do passado".

Tomada de forma apressada pela BNCC, experiência é tratada como episódica, e se assemelha a uma escada em que cada sujeito avança na aquisição de conhecimento, num processo crescente de acúmulo de conteúdos formais. Nessa perspectiva, a ideia de progressão e sedimentação está colocada às crianças desde a tenra idade até o quinto ano do ensino fundamental, quando as exigências quanto à alfabetização se contrapõem, ou, em certa medida, anulam o letramento, constituindo assim sujeitos semiformados desde a infância. Analisamos que os modos pelos quais a BNCC foi construída apenas reforça esta ideia de semiformação socializada.

Semiformação e Educação

O estudo empírico relativo ao fenômeno educativo, fundamentado na teoria crítica, apresenta possibilidades analíticas capazes de colocar em destaque que, subjacente a um modelo que se pretende democrático, inclusivo e abrangente, está, na verdade, um modelo de formação herdado do neoliberalismo[27], que apenas reforça o status vigente e produz a semiformação de crianças de 0 a 10 anos de idade. Para Adorno e Horkheimer (1991, 2010) a ideia de semiformação é parte constitutiva da reprodução da vida sob o monopólio da denominada cultura de massa, e apresenta-se como a objetificação coisificada, isto é, a reificação do sujeito. Desse modo, os dois filósofos alemães compreendem que as "massas" são semiformadas de maneira a confirmar a reprodução continuada do vigente como cópia pela indústria cultural. Leo Maar (2003) afirma que:

> Para Adorno não basta examinar formação, semiformação ou cultura, tais como se verificam na sociedade vigente. É preciso investigá-las tendo como referência o contexto de produção da sociedade, como formação social autogerada pelos homens e aprendida em sua dialética histórica. Cultura e formação precisam ser examinadas fora do âmbito estritamente cultural ou pedagógico definidos na sociedade, para serem investigadas no plano da própria produção social da sociedade em sua forma determinada. A via régia de acesso ao essencial é o processo de sua reprodução vigente em seu aparecer real, presente. (p. 471)

O autor prossegue afirmando que a semiformação vai muito além de uma "perturbação pedagógica" no interior de uma

---

27. Sobre o Neoliberalismo vide nota 3.

determinada situação social educacional. Refere-se a uma forma ordenada da sociedade contemporânea determinada conforme certo modo de produção social dos homens, e somente nesse âmbito pode ser adequadamente apreendida. A partir da teoria da semiformação podemos refletir de forma crítica sobre os problemas da educação contemporânea de modo geral e de modo particular a educação mineira, por meio de categorias desenvolvidas por Adorno que têm como eixo central de discussão o processo de decadência cultural, e suas consequências para as novas gerações.

A importância deste estudo, portanto, situa-se na possibilidade de aprofundar conhecimentos sobre proposições curriculares dirigidas à formação de crianças, a decadência da formação e consequentemente a primazia da semiformação. Para tanto, uma pesquisa desta natureza requer antes a compreensão do conceito de formação, subsídio fundamental para a reflexão sobre a semiformação.

A problemática dos campos de experiência na BNCC: algumas pistas

Tomamos nestas reflexões os destacados estudos do filósofo alemão Walter Benjamin, e suas contribuições para se pensar os conceitos de experiência e os fundamentos da educação de crianças pequenas. Sua importância como filósofo e teórico crítico pode ser aferida pela diversidade de sua influência intelectual e a produtividade contínua de seu pensamento. Principalmente considerado como pensador crítico e ensaísta, o conteúdo filosófico de seus escritos é cada vez mais reconhecido, consistindo numa influência decisiva sobre a concepção da realidade da filosofia e sua adequação ao presente, conforme destacou Adorno (1983a). Na década de 1930, os esforços de Benjamin para o desenvolvimento de uma teoria materialista dialética, orientada politicamente, demonstrou ser um estímulo importante para a chamada "Escola de Frankfurt". Benjamin influenciou sobremaneira as orientações teóricas da Teoria Crítica, como inspirou a arte e mobilizou intelectuais, artistas, ensaístas e teatrólogos.

De acordo com Reis e Borges (2016) originalmente recebidas no contexto da teoria literária e estética, a profundidade filosófica e amplitude cultural do pensamento de Benjamin só recentemente começaram a ser totalmente apreciadas em diferentes campos do conhecimento, dentre eles a sociologia e em especial nos estudos a respeito da infância. Decorrente da envergadura de sua obra, seu trabalho continua a ser uma fonte permanente de produção intelectual e base para a elaboração de novos conhecimentos. As autoras destacam as teorizações de Benjamin concernentes à infância, aos materiais e aos métodos de investigação por ele suscitados, bem como as pistas que fornece para que pensemos as práticas pedagógicas desenvolvidas no âmbito da educação de infância — tomando dela um aspecto — a brincadeira como experiência e como prática cultural.

A compreensão do contexto intelectual da obra de Benjamin tem contribuído para o reconhecimento filosófico de suas contribuições no campo da educação de modo geral, e em particular para pensarmos os caminhos sociais e filosóficos que a consolidação dos estudos no campo da educação das crianças tem possibilitado. Seus ensaios e aforismos sobre a criança, a educação, a brincadeira e os brinquedos continuam sendo um significativo conjunto teórico cuja importância para a teoria educacional é inquestionável. Do mesmo modo, suas reflexões apresentadas na obra *Rua de Mão Única* fornecem um estímulo teórico para a teoria cultural e os conceitos filosóficos da modernidade e da percepção que construímos sobre as novas gerações (Benjamin, 1979). A compreensão de Benjamin sobre a educação tem sido uma fonte duradoura de reflexões teórico-metodológicas para uma variada gama de pensadores filosóficos recentes; no entanto, Jessop (2013) analisa que apesar do legado de Benjamin para a compreensão do universo infantil, ele tem recebido pouca atenção em trabalhos sobre a infância e, em estudos mais amplos de Benjamin, a infância recebe apenas um olhar difuso.

Repensando o conceito de experiência na BNCC

Por meio dos estudos de Reis e Borges (2016) e Reis e Gomes (2015) reconhecemos a preocupação de Benjamin com o delineamento de uma experiência imediata, uma vez que ela é valiosa por fornecer uma descrição temática e uma oposição conceitual aos modelos centrados no idealismo racionalista, cujas bases conceituais são trabalhadas ao longo de toda a sua produção intelectual. Como vimos anteriormente, Benjamin explora os conceitos de experiência e vivência, os quais podem ser complementares ou não. Consideramos que suas contribuições são fundamentais para a compreensão da educação de infância, contemporânea; sobretudo vislumbramos sua relevância para compreender o esvaziamento do conceito de experiência constante na BNCC.

Revisitando as elaborações teóricas de Benjamin, observamos que elas contrastam com os vazios, sem espírito, isto é, *Geistlosen*, das "experiências" apenas acumuladas ao longo de uma vida, *Erlebt*, e o tipo privilegiado da experiência que é preenchido com conteúdo significativo por meio do contato permanente com a imaginação pueril. Ao analisarmos a BNCC no que diz respeito às experiências educativas na infância, entendida como a faixa etária de 0 a 10 anos de idade, nos deparamos com ideias de habilidades e competências as quais contrastam com a noção de experiência que vimos defendendo.

Assim encontramos um campo consideravelmente fértil de teorizações capazes de fornecer pistas à compreensão do conceito de experiência e suas implicações para a educação das novas gerações.

Em *Experiência e pobreza* (1996), Benjamin disserta sobre a perda da capacidade de contar histórias — e de, com elas, dar ensinamentos morais através do intercâmbio de experiências —, que segundo ele se deu pela dissolução dos vínculos familiares e pelo empobrecimento de experiências comunicáveis da população.

O filósofo alemão prossegue afirmando que após a Primeira Guerra Mundial, com a exacerbação da mecanização e da racionalidade com fins bélicos, os combatentes voltaram taciturnos, sendo incapazes de relatar suas experiências com a guerra; pois, os indivíduos, de acordo com Benjamin, se tornaram mais empobrecidos em suas experiências de comunicação dados os horrores e a barbárie a que foram submetidos:

> Porque nunca houve experiências mais radicalmente desmoralizadas que a experiência estratégica pela guerra de trincheiras, a experiência econômica pela inflação, a experiência do corpo pela fome, a experiência moral pelos governantes (Benjamin, 1996, p. 115).

Neste sentido, Benjamin atenta para o fato de que em face da desmoralização das experiências coletivas dos indivíduos, e à consequente perda da capacidade de comunicá-las, os homens se tornaram incapazes de transmitir ensinamentos através da tradição oral de contar narrativas. Além disso, o processo de reificação dos sujeitos e de suas relações interpessoais também contribuiu para a dissolução dos vínculos familiares. O autor questiona que com a perda do vínculo entre os indivíduos e o patrimônio cultural a partir das experiências, a humanidade como um todo ficou mais pobre não só de experiências transmissíveis, mas também culturalmente. Esse contexto leva a um novo conceito de barbárie — o da pobreza de experiências transmissíveis.

No ensaio *A linguagem geral e a linguagem do homem,* Benjamin oferece, ainda, uma concepção que define a experiência de modo amplo, incluindo a percepção, que segundo ele é essencialmente linguística, e que toda a linguagem humana, incluindo a escrita que geralmente está associada a mera convenção é em verdade essencialmente expressiva e criativa.

Em seus primeiros ensaios, a linguagem é privilegiada como um modelo de experiência justamente porque mina e transgride as divisões e limitações que o modelo positivista impôs à mentalidade ocidental, incluindo aquele fundamental que distingue o sujeito do objeto de sensações. Se ambos são constitutivamente linguístico e linguagem, serve como um meio de experiência que liga o "sujeito" e "objeto" em uma relação mais profunda. Em certa medida, Benjamin rejeita o sentido "hipócrita" da separação kantiana entre compreensão e sensibilidade com base em uma noção vazia e puramente formal da razão pura, o que pode apenas ser postulado de acordo com o concreto, isto é, com o conteúdo estético da linguagem.

Ao cotejarmos as reflexões de Benjamin com as disposições da BNCC, concluímos que a linguagem escrita se sobrepõe às diferentes formas de expressão das crianças e jovens, gerando não apenas o empobrecimento da experiência dos mais jovens como também dos próprios profissionais da educação.

5

Habemus Base, mas *Habemus* Freire

Considerando que a BNCC se situa na lógica do capital e traz uma determinação curricular tecnicista, individualista e meritocrática que responsabiliza os sujeitos da escola pública pela qualidade da educação.

Considerando que sua última versão, mais do que as anteriores, estabelece uma visão mais conservadora do conhecimento a ser escolarizado e emana de um governo golpista sem nenhum compromisso com movimentos sociais.

Considerando que a BNCC é normativa, centralizadora e prescritiva das competências, conhecimentos e supostos direitos de aprendizagens e trará consequências para professores/as que atuam nas redes de ensino público de Educação Básica.

Considerando que é necessário buscar alternativas que proporcionem articular essa proposta curricular com vivências, experiências e problematizações necessárias à transformação social e ao desvelamento das causas da desigualdade.

Considerando que a emancipação não se efetiva com a confiança em mitos salvadores e que é o diálogo horizontalizado entre oprimidos/as mediados pelo mundo que possibilita a superação da opressão, passamos aos seguintes fundamentos freirianos na tentativa de contribuir para o debate curricular em um momento que *habemus* currículo nacional, a BNCC.

Temos no horizonte que Paulo Freire não se debruçou diretamente sobre uma teoria curricular, mas é inegável sua contribuição a partir de suas problematizações em relação aos saberes e conhecimentos. Desde a *Pedagogia do Oprimido* (1968/2005a), publicada em 1968, temas geradores, conteúdos programáticos e ação dialógica passam a influenciar teorias curriculares, especialmente as críticas. A concepção de Freire (1996; 2005a; 2005b), em relação ao conhecimento, valoriza a realidade concreta dos sujeitos, como ponto de partida para uma construção dialógica com os conhecimentos científicos tratados por ele como conhecimentos-padrão. Em obra escrita com Ira Shor, Paulo Freire sintetiza com precisão sua concepção:

O chamado "padrão" é um conceito profundamente ideológico, mas é necessário ensinar a sua utilização enquanto se criticam, também, suas implicações políticas. Agora, a questão é a seguinte: sabendo de tudo isso, terá o professor libertador o direito de não ensinar as formas padronizadas? Terá o direito de dizer: "Sou um revolucionário, portanto, eu não ensino o 'bom' inglês?" Não. Do meu ponto de vista, o educador deverá tornar possível o domínio, pelos estudantes, do inglês padrão, mas — e aqui está a grande diferença entre ele e outro professor reacionário — enquanto o professor tradicional ensina as regras do inglês de primeira (risadas), ele acentua a dominação dos estudantes pela ideologia elitista, que está inserida nessas regras. O professor libertador lhes ensina a forma padronizada, para que possam sobreviver, discutindo com eles todos os ingredientes ideológicos dessa ingrata tarefa. Você está vendo? Acho que é dessa forma que os professores podem refletir sobre o medo que eles têm da rejeição dos estudantes e também sobre o medo que têm das formas padronizadas (Freire; Shor, 1986, p. 49).

Para Freire, o educador progressista não pode sonegar esse conhecimento-padrão aos alunos. Na *Pedagogia da Esperança* (1992/2005b), Freire faz uma defesa da transição da curiosidade ingênua para a criticidade como fator fundamental para a emancipação dos educandos.

Sob uma perspectiva freiriana, não há o desprezo ao conhecimento acumulado historicamente, mas um cuidado democrático e dialógico na construção da proposta curricular. A problematização e a horizontalização das relações são fundamentos de um diálogo que se pretende emancipatório em uma proposta curricular.

Compreender a BNCC e sua proposta de currículo nacional a partir de Freire é, primeiramente, rejeitar que a escola, os educadores e os educandos são tábulas rasas e serão reprodutores de conhecimentos, habilidades e competências selecionados *a priori.*

> A concepção e a prática "bancárias", imobilistas, "fixistas", terminam por desconhecer os homens como seres históricos, enquanto a problematizadora parte exatamente do caráter histórico e da historicidade dos homens. Por isto mesmo é que os reconhece como seres que *estão sendo*, como seres inacabamentos, inconclusos, *em* e *com* uma realidade que, sendo histórica também, é igualmente inacabada. (2005a, p. 83).

É necessário rejeitar uma relação em que o *Eu* conhece e *Tu* não conhece. A lógica bancária se enquadra em um trabalho com a BNCC em que o professor deve conhecer esta e transmiti-la aos alunos em uma relação que o mundo é de conhecimento do professor, transmitido pelos especialistas, e é, através dele — professor — que o aluno conhecerá o mundo.

Uma percepção libertadora de currículo se desenvolve na relação *Eu-Tu* mediada pelo mundo (Freire, 2005a), ou seja, *Educando-Educador* (professor-aluno) são mediados pelo mundo vivido com suas experiências e saberes. Um mundo onde o conhecimento/competências contidos na BNCC não se constituem em um *a priori*. São hipóteses de trabalho que serão ratificadas/retificadas através do diálogo. A participação dos conhecimentos acumulados selecionados pelos especialistas (BNCC) deve se fazer presente nessa relação quando e somente quando oferece explicações para a problematização que se estabelece nesse diálogo.

Não há a rejeição à BNCC, mas é lançado um olhar crítico para suas possibilidades de explicações do mundo problematizado em sala de aula. A BNCC não é o mundo desvelado que faz a mediação na relação *Eu-Tu*, mas tão somente *mais uma* seleção interessada de explicações.

O currículo nacional se insere na tradição seletiva do conhecimento escolhido para ser transmitido às gerações futuras. O conhecimento selecionado é revelador do que os alunos podem se apoderar e do destaque que sua cultura ou seu modo de vida possui na sociedade ou na escola. Michael Apple (1997) explica que o conhecimento se encontra inserido em lutas extremamente complexas que envolvem a definição de quem tem o direito de *"nomear o mundo"*. Visível, por esse caminho, que a valorização da *Palavra* dos alunos e da comunidade é um componente indispensável do currículo escolar.

O empoderamento pelo conhecimento nem é dizer o conhecimento aos outros, como ato de prescrição que subtrai a palavra dos demais (Freire, 2005a). Daí a necessidade de compreensão de que o conhecimento deve ir para além do prescrito por especialistas, pois essas prescrições se impõem pelo monólogo e a existência humana e sua proposta transformadora se realiza pela possibilidade de se dizer a *Palavra*.

A existência, porque humana, não pode ser muda, silenciosa, nem tampouco pode nutrir-se de falsas palavras, mas de palavras verdadeiras, com que os homens transformam o mundo. Existir, humanamente, é *pronunciar* o mundo, é modificá-lo. O mundo *pronunciado*, por sua vez, se volta problematizado aos sujeitos *pronunciantes*, a exigir deles novo *pronunciar*. (Freire, 2005a, p. 90).

É pela pronúncia da *Palavra* que se efetiva o empoderamento que se constitui na conquista que ocorre a partir do educando e não como algo que lhe é doado.

A *Pronúncia* e a *Leitura da Palavra* não se dicotomizam da *Leitura do Mundo*, como explica Freire:

O que é que eu quero dizer com dicotomia entre ler as palavras e ler o mundo? Minha impressão é que a escola está aumentando a distância entre as palavras que lemos e o mundo em que vivemos. Nessa dicotomia, o mundo da leitura é só o mundo do processo de escolarização, um mundo fechado, isolado do mundo onde vivemos experiências sobre as quais não lemos. Ao ler palavras, a escola se torna um lugar especial que nos ensina a ler apenas as "palavras da escola", e não as "palavras da realidade". O outro mundo, o mundo dos fatos, o mundo da vida, o mundo no qual os eventos estão muito vivos, o mundo das lutas, o mundo da discriminação e da crise econômica (todas essas coisas estão aí), não tem contato algum com os alunos na escola através das palavras que a escola exige que eles leiam. Você pode pensar nessa dicotomia como uma espécie de "cultura do silêncio" imposta aos estudantes. A leitura da escola mantém silêncio a respeito do mundo da experiência, e o mundo da experiência é silenciado sem seus textos críticos próprios (Freire; Shor, 1986, p.164).

Numa acepção freiriana, o empoderamento não se relaciona com a ideia de aquisição individual de competências e habilidades como Young traz em sua concepção de *Conhecimento Poderoso*. Em Freire (2005a), empoderar-se é tomar posse do real, tomar posse de suas vidas e consciências num processo de libertação que desenvolve em uma relação dialética homem-mundo. A construção do conhecimento tem por base, nessa acepção, o diálogo entre sujeitos mediados pelo mundo vivido. Educadores e educandos colocam-se como sujeitos cognoscentes em razão de seu inacabamento e de um mundo que está em processo. A seleção de conteúdos por especialistas distantes dessa realidade revela-se alienadora dos sujeitos em processo de conhecimento e despreza o mundo vivido e sua possibilidade de transformação. Não há desprezo pelo legado cultural já construído, como explica Freire ao abordar papel dos saberes populares na educação escolarizada:

> Respeitar esses, de que falo tanto, para ir mais além deles, jamais poderia significar — numa leitura séria, radical, por isso crítica, sectária nunca, rigorosa, bem-feita, competente, de meus textos — dever ficar o educador ou a educadora aderida a eles, os saberes de experiências feitos. O respeito a esses saberes se insere no horizonte maior em que eles se geram — o horizonte do contexto cultural, que não pode ser entendido fora de seu corte de classe, até mesmo em sociedades de tal forma complexas em que a caracterização daquele corte é menos facilmente apreensível. O respeito, então, ao saber popular implica necessariamente o respeito ao contexto cultural. A localidade do educando é o ponto de partida para o conhecimento que eles vão criando do mundo. "Seu" mundo em última análise é a primeira e inevitável face do mundo mesmo (2005b, p. 86-87).

Como se depreende, não há mistificação da experiência, nem do senso comum no pensamento freiriano. Para Freire (2005b),

BASE NACIONAL COMUM CURRICULAR 125

tanto o basismo quanto o elitismo são sectários, pois presos à e em sua verdade, tornam-se incapazes de ir além de si mesmos. E é nessa obra, a *Pedagogia da Esperança*, que Freire (2005b) rejeita a mistificação do saber popular e atribui a acusação às leituras malfeitas feitas de seu trabalho por quem o leu mal, incompetentemente, ou não o leu.

O que deve se indagar a partir das concepções de currículo nacional: não seria no mundo vivido que o currículo escolar encontraria o seu sentido e possibilitaria o empoderamento dos sujeitos cognoscentes? Não seria o conhecimento contextualizado efetivamente potencializador para tomada de posse do real? E, por fim, não deveria os conhecimentos derivados da curiosidade dos educandos e educadores fazerem parte do currículo escolar? Para responder a essas questões, necessário, primeiramente, distinguir que ao carrear para o currículo escolar apenas conhecimentos ditados por "especialistas" acabamos promovendo o aprisionamento do conhecimento a ser escolarizado, a castração da curiosidade e o apoderamento do educando e não o seu empoderamento.

Para Freire,

> A curiosidade do estudante às vezes pode abalar a certeza do professor. Por isso é que, ao limitar a curiosidade do aluno, a sua expressividade, o professor autoritário limita a sua também. Muitas vezes, por outro lado, a pergunta que o aluno, livre para fazê-la, faz sobre um tema, pode colocar ao professor um ângulo diferente, do qual lhe será possível aprofundar mais tarde uma reflexão mais crítica. (Freire; Faundez, 1985, p. 44).

O currículo único se encontra limitado também pela castração da curiosidade e a inviabilização da pergunta. A pergunta, quando é chancelada, é instrumentalizada pela participação manipulada. Ela se faz em nome de questões preestabelecidas pelo currículo, levando todos a "desaprenderem" a perguntar.

Conforme Faundez,

> (...) o professor deveria ensinar — porque ele próprio deveria sabê-lo — seria, antes de tudo, *ensinar a perguntar*. Porque o início do conhecimento, repito, é perguntar. E somente a partir de perguntas é que se deve sair em busca de respostas, e não o contrário: estabelecer as respostas, com o que todo o saber fica justamente nisso, já está dado, é um absoluto, não cede lugar à curiosidade nem a elementos por descobrir. O saber já está feito, este é o ensino. Agora eu diria: "a única maneira de ensinar é aprendendo", e essa afirmação valeria tanto para o aluno como para o professor. Não concebo que um professor possa ensinar sem que ele também esteja aprendendo; para que ele possa ensinar, é preciso que ele tenha de aprender. (Freire; Faundez, 1985, p. 46).

A curiosidade e a pergunta guardam, em uma perspectiva freiriana, estreitos laços com o diálogo e a problematização do conhecimento. É no encontro entre os sujeitos em processo de humanização que a educação se realiza.

Ao desprezar o currículo como produto acabado, é rejeitada a ideia de um processo educativo percebido como doação ou imposição. O diálogo freiriano implica um pensar crítico que desafia a pronúncia do mundo e uma educação mediatizada por este mundo.

> A educação autêntica, repitamos, não se faz de A *para* B ou de A *sobre* B, mas de A *com* B, mediatizados pelo mundo. Mundo que impressiona e desafia a uns e a outros, originando visões ou pontos de vista sobre ele. (Freire, 2005a, p. 97).

Devemos sim construir uma concepção de currículo comprometida com a realidade vivida e, portanto, faz-se indispensável apresentar como, numa acepção freiriana, o currículo não se limita aos conteúdos eleitos por "especialistas" e, também, como a experiência está além da motivação na busca pelo saber. A dicotomia e o sectarismo estabelecidos na concepção curricular unificada dificultam perceber o papel do contexto na construção do currículo. O conhecimento escolar, sob pena de ser alienante e estático, não pode desprezar o contexto vivido. Sua função é estabelecer o diálogo entre os saberes científicos e o mundo vivido, pois será na comunidade, onde a escola está inserida, que o conhecimento fará sentido. Apesar da complexidade do diálogo entre os saberes, a leitura do mundo e a leitura da palavra não podem ser dissociadas no projeto curricular da escola, sendo a categoria *tema gerador* de Paulo Freire uma ferramenta para a construção de um currículo que possibilite um *Conhecimento Contextualizado* e o empoderamento dos sujeitos cognoscentes.

O *tema gerador* (Freire, 2005a) demanda a investigação sobre a atuação de homens e mulheres sobre a realidade. No entanto, homens e mulheres no mundo não são objetos da investigação, mas sujeitos ativos na busca pelo conhecimento que toma posse do real na construção de temáticas significativas. A busca de uma metodologia que tenha a investigação temática viabiliza aos sujeitos cognoscentes o reconhecimento das dimensões significativas de sua realidade e a interação de suas partes, além de também a efetivação de uma educação problematizadora, como assevera Freire (2005a).

As questões factuais e não estabelecidas *a priori* poderão ser superadas com a contribuição da escola somente se os sujeitos cognoscentes perceberem o sentido do conhecimento que se contextualiza permanentemente. Nesse caso, como explica Freire

(2005a), a captação e a compreensão da realidade se refazem e ganham um novo nível que até então não tinham. Educadores e educandos passam a perceber que sua compreensão e que a *"razão"* da realidade não está fora dela e não se encontram dicotomizadas, como se fosse um mundo misterioso e estranho.

O *Conhecimento Contextualizado* é possível, assim, por meio da investigação temática. Este se codifica em temas geradores, construídos através do diálogo, e decodifica-se também por meio do diálogo. O currículo, portanto, deve perceber que para a *Leitura da Palavra* é indispensável a *Leitura do Mundo* e constituir-se a partir das teorias e das experiências.

A compreensão de um conhecimento que empodera os sujeitos para a transformação individual e a social deve caminhar para o fortalecimento da capacidade docente em articular os conhecimentos, tendo o texto valor dentro de seu contexto. Os educadores, educandos e contexto são elementos de um sistema dinâmico que o currículo não pode negligenciar.

A práxis, nos termos de Paulo Freire (2005a), envolve a ação e reflexão que são indissociáveis, mas que não se confundem. É a práxis que potencializa a transformação, não o verbalismo sem ação ou ainda o ativismo sem reflexão. A práxis educativa empodera os sujeitos em processo de educação como fazedores e pensadores que conhecem e produzem conhecimento.

A educação escolarizada se insere no contexto do encontro entre sujeitos — educadores(as) e educandos(as) — mediatizados pelo mundo. A práxis educativa se realiza na pronúncia desse mundo problematizado e contextualizado.

Como explica Rossato:

> A educação deve partir da realidade para compreender o homem e ser posta a seu serviço. Não pode ser reduzida a um conjunto de

BASE NACIONAL COMUM CURRICULAR

técnicas. O objetivo principal é a compreensão e a interpretação do papel de cada educando no mundo. Sua ação se torna um ato político porque ela mostra ou ela oculta a realidade. (2008, p. 332)

Por isso, o currículo não pode ser considerado um produto acabado e é necessário que a ação docente se funde na ação-re-flexão-ação como forma de se confrontar com as situações e condições desiguais que caracterizam a nossa sociedade. A atuação docente se caracteriza por um fazer-pensar que não pode ser desprezado. A ação transformadora da educação só se viabiliza com o desvelamento da pretensa neutralidade do conhecimento e um enquadramento que valorize a teoria enquanto potencializadora da superação do contexto social injusto e desigual.

À guisa de conclusão

Em síntese, temos o conhecimento-padrão, ou conhecimento científico, ou conhecimento historicamente acumulado, ou a Base Nacional Comum Curricular como prescrição curricular que pode servir de subsídio para educadores comprometidos com o desvelamento do mundo. Se a escola abraçar a BNCC como prescrição a ser detalhadamente cumprida, colocamos em sério risco os princípios estabelecidos pela Constituição de 1988 no que diz respeito à pluralidade, diversidade e não discriminação. Princípios que se constituem em essência de nossa (frágil) democracia.

Ter a BNCC como prescrição ignora o potencial curricular do cotidiano, das experiências vividas, das problematizações não respondidas, das violências sofridas, das desigualdades naturalizadas, que necessitam ser incorporadas ao conhecimento a ser escolarizado.

Este novo desafio proporciona a necessidade de se renovar a proposta emancipatória de Freire para valorizar os sujeitos como senhores da história e não como meros espectadores. O currículo deve contemplar a multiplicidade de relações dos sujeitos da escola com o mundo. Paulo Freire já indicava a importância dessas relações na efetividade de uma educação humanizadora.

> Há uma pluralidade nas relações do homem com o mundo. O homem e somente o homem é capaz de transcender, de distinguir "ser" do "não ser" e de travar relações incorpóreas. Na sua capacidade de discernir estará a raiz da consciência de sua temporalidade, obtida precisamente quando, atravessando o tempo, alcança o ontem, reconhece o hoje e descobre o amanhã. Homem — um ser de relações, temporalizado e situado, ontologicamente inacabado — sujeito por vocação, objeto por distorção. (Freire, 1996, p. 13)

A dúvida, a incerteza e a pergunta não têm encontrado no ambiente escolar o espaço e o tempo para o seu desenvolvimento. A compreensão de que o currículo é um produto que possibilita resultados quantificáveis e padronizados implica em um reducionismo do processo educativo enquanto humanizador.

A lógica do capital é a lógica da certeza da meritocracia. Por isso, a escola precisa inverter essa lógica para que sejam demonstradas suas consequências e suas promessas que nunca se realizam. Desvelar a BNCC se constitui em obrigação dos educadores para compreensão dos projetos que se colocam em disputa na sociedade e no interior da escola. O currículo nacional, apesar não ser natimorto, é moribundo, pois se insere na escolarização a partir da visão excludente e desigual e não tem a vocação transformadora que somente o diálogo problematizador na relação entre sujeitos poderia proporcionar.

REFERÊNCIAS

ABdC. *Documento produzido pela Associação Brasileira de Currículo (ABdC) encaminhado ao CNE no contexto das Audiências Públicas sobre a BNCC/2017*. Disponível em: <http://www.anped.org.br/sites/default/files/images/documento_abdc_bncc_2017.pdf.> Acesso em: 20 maio 2018.

ADORNO, T. The Actuality of Philosophy, *Telos*, n. 31, p. 120-133, Spring 1983a.

_____. A Portrait of Walter Benjamin, *Prisms*, Cambridge, MA.: MIT, 1983b.

ADORNO, Theodor; HORKHEIMER, Max. *Dialética do esclarecimento*. Rio de Janeiro: Zahar, 1985.

_____. *Dialektik der Aufklärung*: Philosophische Fragmente. Frankfurt: S. Fischer, 2010.

_____. (Orgs.). *Temas básicos da sociologia*. São Paulo: Cultrix/USP, 1991.

AGAMBEN, G. *State of Exception*. Trans. K. Attel. Chicago/London: University of Chicago Press, 2005.

AGUIAR, Márcia Angela da S.; DOURADO, Luiz Fernandes (Orgs.). *A BNCC na contramão do PNE 2014-2024*: avaliação e perspectivas [Livro Eletrônico]. Recife: ANPAE, 2018.

ANPED (2015). *Moção contrário à Base Nacional Comum Curricular*. Disponível em: <http://www.anped.org.br/sites/default/files/resources/Mo_o_12_37_RN_Contr_rio_Base_Nacional_Comum_Curricular.pdf>. Acesso em: 20 maio 2018. (2015a).

ANPEd (2015). *A Associação Nacional de Pós-Graduação e Pesquisa em Educação (ANPEd) e a Base Nacional Comum Curricular (BNCC).* Disponível em: <http://www.anped.org.br/sites/default/files/images/a_anped_e_a_bncc_versao_final.pdf.> Acesso em: 20 maio 2018.

_____. (2016). *Entidades se posicionam contrárias à padronização e controle impostos pelo Programa de Residência Pedagógica! Não à BNCC!* Disponível em: <http://www.anped.org.br/news/entidades-se-posicionam-contrarias-padronizacao-e-controle-impostos-pelo-programa-de-residencia>. Acesso em: 20 maio 2018.

_____. (2017). *Manifesto contra a Base Nacional Comum Curricular.* Disponível em: <http://www.anped.org.br/sites/default/files/manifesto2_contra_a_base_nacional_comum_curricular.pdf>. Acesso em: 20 maio 2018.

ANPEd; ABdC. (2015). *Exposição de Motivos sobre a Base Nacional Comum Curricular.* Disponível em: <http://www.anped.org.br/sites/default/files/resources/Of_cio_01_2015_CNE_BNCC.pdf>. Acesso em: 20 maio 2018.

APPLE, Michael W. *A educação pode mudar a sociedade?* Petrópolis: Vozes, 2017.

_____. *Ideologia e currículo.* 3. ed. Porto Alegre: Artmed, 2006.

_____. *Conhecimento oficial:* a educação democrática numa era conservadora. Petrópolis: Vozes, 1997.

BENJAMIN, W. *Reflections. essays, aphorisms, autobiographical writings.* P Demetz (ed). Trad. by E Jephcott. New York: Schocken Books, 1991.

_____. *A hora das crianças.* Rio de Janeiro: Nau, 2016.

_____, On Some Motifs in Baudelaire (H. Zorn, Trans.). In: BENJAMIN, W. *One Way Street and Other Writings.* (trans. Edmund Jephcott & Kinsley Shorter). London: NLB, 1979.

_____. *Selected Writings.* Cambridge: Harvard University Press, 1996. (Vols. 1 and 2)

_____. *The Arcades Project.* Trans. R. Tiedemann, Cambridge: Harvard University Press, 1996.

_____. *The Correspondence of Walter Benjamin: 1910-1940.* Trans. M. R. Jacobson & E. M. Jacobson. Chicago: University of Chicago Press, 1994.

BENJAMIN, W.; TARNOWSKI, K. Eduard Fuchs: collector and historian. *New German Critique*, Durham, n. 5, p. 27-58, spring 1975.

BRASIL. Ministério da Educação. *Plano decenal de educação para todos.* Brasília: MEC, 1993 — versão acrescida 136 p.

_____. Senado Federal. *Substitutivo ao Projeto de Lei da Câmara n. 101, de 1993 (n. 1.258, de 1988, na Casa de Origem).* Brasília, 1996.

_____. *Câmara dos Deputados. Proposta de Emenda à Constituição n. 233/A,* de 1995, mensagem n.1.078/95.

_____. *Constituição da República Federativa do Brasil.* 1988. Brasília: MEC, 1989.

_____. *Constituição da República Federativa do Brasil.* Brasília: Congresso Nacional, 1988.

_____. *Lei de Diretrizes e Bases da Educação Nacional.* Lei n. 9.394, de 1996. Brasília: Senado, 1996.

_____. *Medida provisória n. 746.* Reformulação Ensino Médio. Brasília: Presidência da República, 2016.

_____. *Plano Nacional de Educação 2014-2024.* Lei n. 13.005, de 2014. Brasília: Senado, 2014.

CAMPOS, Rosânia; CAMPOS, Roselane Fátima. A educação das famílias pobres como estratégia política para o atendimento das crianças de 0-3 anos: uma análise do Programa Família Brasileira Fortalecida. *Pró-Posições,* v. 20, n. 1, p. 207-224, 2009.

CHIZZOTTI, A. A Constituinte de 1823 e a Educação. In: FÁVERO, O. (Org.). *A Educação nas Constituintes Brasileiras, 1823-1988.* Campinas: Autores Associados, 1996.

CLETO, Murilo; DORIA, Kim; JINKINGS, Ivana (Orgs.). *Por que gritamos Golpe?* São Paulo: Boitempo, 2016.

CONSELHO FEDERAL DE EDUCAÇÃO. *Parecer n. 121/63,* Documenta (14), maio, 1963.

CONSELHO FEDERAL DE EDUCAÇÃO. *Parecer n. 853/71*, Documenta (132), nov. 1971.

CURY, Carlos Roberto Jamil. *A educação na revisão constitucional de 1925-26.* Bragança Paulista: Editora da Universidade São Francisco, 2003.

_____. Ensino Religioso e Escola Pública: o curso histórico de uma polêmica entre Igreja e Estado no Brasil. *Educação em Revista*. n. 17. Belo Horizonte: UFMG, 1993.

_____. Educação escolar e educação no lar *(homeschooling)*. In: VIDAL, Diana Gonçalves; SÁ, Elizabeth Figueiredo de; SILVA, Vera Lúcia Gaspar de. *Obrigatoriedade escolar no Brasil.* Cuiabá: EdUFMT, 2013.

_____. *O Conselho Nacional de Educação (1931-1961):* memória e funções. Relatório de Pesquisa financiado pelo CNPq. 2014 (mimeo.).

DIAS, Edilamar Borges; CAMPOS, Rosânia. Sob o olhar das crianças: o processo de transição escolar da educação infantil para o ensino fundamental na contemporaneidade. *Rev. Bras. Estud. Pedagog.*[online], v. 96, n. 244, p. 635-649, 2015.

DUARTE, N. *Os conteúdos escolares e a ressurreição dos mortos.* Contribuição à teoria histórico-crítica do currículo. Campinas, SP: Autores Associados, 2016.

ESCOLA POLITÉCNICA DE SAÚDE JOAQUIM VENÂNCIO. (2017). *A quem interessa a BNCC?* Disponível em: <http://www.epsjv.fiocruz.br/noticias/reportagem/a-quem-interessa-a-bncc>. Acesso em: 20 maio 2018.

ESTADÃO. *História em currículo não pode "descambar para ideologia", defende ex-ministro.* Disponível em: <https://educacao.estadao.com.br/noticias/geral,historia-em-curriculo-nao-pode-descambar-para-ideologia--diz-ex-ministro,1776791>. Acesso em: 20 maio 2018.

FREIRE, Paulo (1967). *Educação como prática da liberdade.* 28. ed. Rio de Janeiro: Paz e Terra, 2005.

_____. (1968). *Pedagogia do oprimido.* 41. ed. Rio de Janeiro: Paz e Terra, 2005a.

_____. (1992). *Pedagogia da Esperança.* 11. ed. São Paulo: Paz e Terra, 2005b.

BASE NACIONAL COMUM CURRICULAR

FREIRE, Paulo (1996). *Pedagogia da autonomia:* saberes necessários à prática educativa. 52. ed. São Paulo: Paz e Terra, 2015.

_____. *Educação e atualidade brasileira.* Tese de Concurso para a Cadeira de História e Educação — Escola de Belas Artes de Pernambuco. Recife, 1959. Disponível em: <file:///C:/Users/Usuario/AppData/Local/Packages/Microsoft. MicrosoftEdge_8wekyb3d8bbwe/TempState/Downloads/FPF_OPF_14_001.pdf>. Acesso em: 20 maio 2018.

FREIRE, Paulo; FAUNDEZ, Antonio. *Por uma pedagogia da pergunta.* Rio de Janeiro: Paz e Terra, 1985.

FREIRE, Paulo; SHOR, Ira. *Medo e Ousadia:* cotidiano do professor. Rio de Janeiro: Paz e Terra, 1986.

FREITAS, Luiz Carlos. Os reformadores empresariais da educação: da desmoralização do magistério à destruição do sistema público de educação. *Educação e Sociedade,* v. 33, n. 119, p. 379-404, abr.-jun., Campinas, 2012.

GOMES, Marineide Oliveira; REIS, Magali . Notas sobre o campo disciplinar e de conhecimento da infância e a formação de professores para a Educação infantil. In: PARENTE; Cláudia da Mota Darós; VALLE, Luiza Elena L. Ribeiro do; MATTOS, Maria José Viana Marinho de (Org.). *A formação de professores e seus desafios frente às mudanças sociais, políticas e tecnológicas.* 1. ed. Porto Alegre: Penso, 2015.

GOOGLE. Imagens. *Igualdade e equidade.* Disponível em: <https://www.google. com.br/search?q=igualdade+e+equidade+tratar+todos+iguais&source=lnms& tbm=isch&sa=X&ved=0ahUKEwirqreZ7qvbAhUCEpAKHReUDFsQ_ AUICigB&biw=1366&bih=637#imgrc=p930WkW7amZ9WM:>. Acesso em: 20 maio 2018.

GRUSCHKA, Andreas. *Negative Pädagogik:* Einführung in die Pädagogik mit Kritischer Theorie. Frankfurt: Büchse der Pandora, 2004.

_____. *Bürgerliche Kälte und Pädagogik. Moral in Gesellschaft und Erziehung.* Wetzlar: Büchse der Pandora, 1994.

_____. Pedagogia Negativa como crítica da Pedagogia. In: PUCCI, Bruno; ALMEIDA, Jorge; LASTÓRIA, Luiz A. C. N. (Orgs.). *Experiência formativa e emancipação.* São Paulo: Nankin, 2009.

GUR ZE'EV, Illan (Org.). *Critical Theory and Critical Pedagogy Today:* toward a new critical language in Education. 1. ed. Haifa, Israel: Haifa Press/Faculty of Education, 2005.

HARVEY, David. *17 contradições e o fim do capitalismo.* São Paulo: Boitempo, 2016.

HEGEL, Georg Wilhem Friedrich. *Introdução à história da filosofia.* São Paulo: Rideel, 2005.

HORTA, José Silvério Bahia. O ensino religioso na Itália fascista e no Brasil 1930-45. *Educação em revista,* Belo Horizonte, UFMG, n. 17, 1993.

JESSOP, Sharon. Children, redemption and remembrance in Walter Benjamin. *Journal of Philosophy of Education,* v. 47, p. 642-657, 2013.

KANT, Imannuel. *Fundamentação à metafísica dos costumes.* São Paulo: Martin Claret, 2011.

KONDER, Leandro. *Walter Benjamin:* o marxismo da melancolia. Rio de Janeiro: Campus, 1998.

LEI de Diretrizes e Bases da Educação Nacional: texto aprovado na Comissão de Educação, Cultura e Desporto da CD. Comentários de Demerval Saviani *et al.* São Paulo: Cortez; ANDE, 1990.

LOPES, Alice C. Apostando na produção contextual do currículo. In: AGUIAR, Marcia A.; DOURADO, Luiz F. (Orgs.). *A BNCC na contramão do PNE 2014-2024:* avaliação e Perspectivas. Recife: ANPAE, 2018.

LEMANN, Fundação. *Conselho de Classe:* A visão de professores sobre a educação no Brasil. Instituto Paulo Montenegro. 2015. Disponível em: <http://www.fundacaolemann.org.br/uploads/estudos/conselho_de_classe_notas_tecnicas_e_detalhamento_das_questoes.pdf>. Acesso em: 20 maio 2018.

MAAR, Wolfgang Leo. Adorno, semiformação e educação. *Educação e Sociedade,* v. 24, n. 83, p. 459-475, 2003.

MACEDO, Elizabeth. "A Base é a base". E o currículo o que é? In: AGUIAR, Márcia Angela da S.; DOURADO, Luiz Fernandes (Orgs.). *A BNCC na contramão do PNE 2014-2024:* avaliação e perspectivas [Livro Eletrônico]. Recife: ANPAE, 2018.

MACEDO, Roberto Sidnei. *Currículo. Campo, conceito e pesquisa*. 6. ed. Petrópolis: Vozes, 2013.

MALETTA, Ana P. B. *O currículo pensado para, por, entre e com as crianças*: aproximações e distanciamentos entre o contexto brasileiro e o português. Tese (Doutorado em Educação) — Programa de Pós-Graduação em Educação/ProPPg, da Pontifícia Universidade Católica de Minas Gerais, Belo Horizonte, 2017.

MANIFESTO dos Pioneiros da Escola Nova. *A Reconstrução Educacional no Brasil (Ao povo e ao governo)*: São Paulo: Companhia Editora Nacional, 1932.

MARIANI, Clemente. Exposição de Motivos ao Projeto de Lei de Diretrizes e Bases da Educação Nacional apresentado à Câmara dos Deputados em 1948. *In*: NÓBREGA, V. L. N. *Enciclopédia da Legislação do Ensino*. Rio de Janeiro, s/d.

MARQUES JR., Rivadávia. *Política Educacional na República* (o ciclo da desoficialização do ensino). 1967. Tese (Doutorado) — Faculdade de Filosofia, Ciências e Letras, Universidade Estadual Paulista, Araraquara, 1967 (mimeo.).

MARSHALL, Thomas. *Cidadania, Classe Social e Status*. Rio de Janeiro: Zahar, 1967.

MARX, Karl. *Contribuição à Crítica da Economia Política*. 2. ed. São Paulo: Expressão Popular, 2008.

MATOS, Olgária. *O iluminismo visionário*: Benjamin, leitor de Descartes e Kant. 1. ed. São Paulo: Brasiliense, 1989.

MEC. *Base Nacional Comum Curricular é aprovada no CNE e segue para homologação do ministro da Educação*. (2017) Disponível em: <http://portal.mec.gov.br/ultimas-noticias/211-218175739/58541-base-nacional-comum-curricular-e-aprovada-no-cne-e-segue-para-homologacao-do-ministro-da-educacao>. Acesso em: 20 maio 2018.

_____. *Base Nacional Comum Curricular*. (1. versão). Brasília: MEC, 2016.

_____. *Base Nacional Comum Curricular*. Brasília: MEC, 2018.

_____. *Dia D:* Dia Nacional de Discussão sobre a BNCC. (2018a). Disponível em: <http://basenacionalcomum.mec.gov.br/wp-content/uploads/2018/03/2-roteiro-para-atividades.pdf>. Acesso em: 20 maio 2018.

MEINERZ, Andrea. *Concepção de experiência em Benjamin*. Dissertação (Mestrado em Filosofia) — Universidade Federal do Rio Grande do Sul. Porto Alegre, 2008. Disponível em: <http://www.lume.ufrgs.br/bitstream/handle/10183/15305/000677160.pdf> Acesso em: 25 de maio 2018.

MOACYR, Primitivo. *A Instrução e a República*. Rio de Janeiro: Ministério da Educação e Saúde/Imprensa Nacional, 1944.

NAGLE, Jorge. *Educação e Sociedade na Primeira República*. São Paulo: EDUSP/EPU, 1974.

PACHECO, José Augusto. *Estudos curriculares:* para a compreensão crítica da educação. Porto: Porto Editora, 2005.

_____. Teoria curricular crítica: os dilemas (e contradições) dos educadores críticos. *Revista Portuguesa de Educação*, v. 14, n. 1. Minho, 2001.

PEREIRA, Amarildo G. *O livro didático na educação brasileira*. 1995. Dissertação (Mestrado) — Faculdade de Educação, Universidade Federal de Minas Gerais, Belo Horizonte, 1995 (mimeo.).

REIS, Magali. A construção sociológica da infância. In: REIS, Magali; GOMES, Lisandra. *Infância:* sociologia e sociedade. São Paulo: Attar, 2015.

REIS, Magali; BORGES, Roberta Rocha. Campos de experiência e programação pedagógica na educação infantil. In: REIS, Magali; BORGES, Roberta Rocha. (Orgs.). *Educação Infantil:* arte, cultura e sociedade. 1. ed. Curitiba: CRV, 2016.

RIBEIRO, Márden de Pádua; ZANARDI, Teodoro Adriano Costa. As concepções marxistas da pedagogia histórico-crítica de Dermeval Saviani em relação à temática do conhecimento: contribuições ao currículo. *Educação em Revista*. Belo Horizonte, 2018. (no prelo).

RIZZINI, Irma; GONDRA, J. G. Higiene, tipologia da infância e institucionalização da criança pobre no Brasil (1875-1899). *Revista Brasileira de Educação*, v. 19, p. 561-584, 2014.

ROSSATO, Ricardo. Práxis. In: STRECK, Danilo R.; REDIN, Euclides; ZIROTSKI, Jaime José (Orgs.). *Dicionário Paulo Freire*. Belo Horizonte: Autêntica, 2008.

ROUSSEAU, Jean J. *O Emílio ou Da Educação*. São Paulo: Bertrand Brasil, 1996.

SACRISTÁN, José Gimeno. O que significa currículo? In: SACRISTÁN, José Gimeno (Org.). *Saberes e incertezas sobre o currículo*. Porto Alegre: Penso, 2013.

SANTOMÉ, Jurjo Torres. *A educação em tempos de neoliberalismo*. Porto Alegre: Artmed, 2003.

SAUL, Ana Maria. Currículo. In: STRECK, Danilo R.; REDIN, Euclides; ZIROTSKI, Jaime José (Orgs.). *Dicionário Paulo Freire*. Belo Horizonte: Autêntica, 2008.

SAVIANI, Dermeval. Educação escolar, currículo e sociedade: o problema da Base Nacional Comum Curricular. *Movimento Revista de Educação*, ano 3, n. 4, p. 54-84, 2016.

_____. *Educação:* do senso comum à consciência filosófica. 15. ed. Campinas, SP: Autores Associados, 1996.

_____. *Escola e Democracia*. 36. ed. Campinas, SP: Autores Associados, 2003.

_____. Marxismo, educação e pedagogia. In: SAVIANI, D.; DUARTE, N. *Pedagogia Histórico-Crítica e luta de classes na educação escolar*. Campinas, SP: Autores Associados, 2012.

_____. *Pedagogia Histórico-Crítica:* Primeiras Aproximações. 8. ed. Campinas, SP: Autores Associados, 2003a.

SCHNAPPER, Dominique. *Qu'est-ce que la citoyenneté?* Paris: Gallimard, 2000, p. 23-38. Tradução livre de Carlos R. J. Cury.

SCHOLEM, Gershom. *Walter Benjamin:* história de uma amizade. São Paulo: Perspectiva, 1989.

SUCUPIRA, Newton. O Ato Adicional de 1934 e a descentralização da educação. In: FÁVERO, O. (Org.). *A Educação nas Constituintes Brasileiras, 1823-1988*. Campinas: Autores Associados, 1996.

TANURI, Leonor M. A Administração do ensino no Brasil: centralização x descentralização. *Revista Didática*. n. 17. São Paulo: S/E, 1981.

TODOS PELA EDUCAÇÃO. *Mantenedores e parceiros*. Disponível em: <https://www.todospelaeducacao.org.br/quem-somos/quem-esta-conosco/>. Acesso em: 20 maio 2018.

TYLER, Ralph. *Princípios básicos de currículo e ensino*. 4. ed. Porto Alegre: Globo, 1977.

VASCONCELOS, Maria Celi Chaves. *A casa e seus mestres:* a educação no Brasil dos Oitocentos. Rio de Janeiro: Griphus, 2004.

WALTER BENJAMIN ARCHIV. *Walter Benjamin's Archive*. Bilder, Texte und Zeichen. Frankfurt am Main, Suhrkamp, 2006.

YOUNG, Michael F. D. Superando a crise na teoria do currículo: uma abordagem baseada no conhecimento. *Cadernos CENPEC*. v. 3, n. 2, p. 225-250. São Paulo, 2013.

_____. *Conhecimento e currículo:* do socioconstrutivismo ao realismo social na sociologia da educação. Porto: Porto Editora, 2010.

_____. O futuro da educação em uma sociedade do conhecimento: o argumento radical em defesa de um currículo centrado em disciplinas. *Revista Brasileira de Educação*. v. 16, n. 48, 2011.

_____. Para que servem as escolas? *Educação e Sociedade*. v. 28, n. 101, p. 1287-1302. Campinas, 2007.

_____. Por que o conhecimento é importante para as escolas do século XXI? *Cadernos de Pesquisa*, v. 46, n. 159, p. 18-37, 2016.

ZANARDI, Teodoro Adriano Costa. (2013). Conhecimento poderoso e conhecimento contextualizado: o currículo entre Young e Freire. *37. Reunião da ANPEd*. Disponível em: <http://www.anped.org.br/sites/default/files/gt12_3206_texto.pdf>. Acesso em: 20 maio 2018.

REFERÊNCIAS SOBRE A BNCC

AMORIM, Antonio C. R. Brazilian National Common Curricular Base as an enunciation: reinforcing scientific discourses for the education field?. Mikarimin. *Revista Científica Multidisciplinaria*, v. 1, n. 2, p. 45-52, 2015.

CUNHA, Érika Virgílio; LOPES, Alice Casimiro. Base Nacional Comum Curricular: regularidade na dispersão. *Investigación Cualitativa*, v. 2, p. 23-35, 2017.

LOPES, Alice Casimiro; BORGES, Veronica. Currículo, conhecimento e interpretação. *Currículo Sem Fronteiras*, v. 17, p. 555-573, 2017.

MACEDO, Elizabeth. As Demandas Conservadoras do Movimento Escola Sem Partido e a Base Nacional Curricular Comum. *Educação & Sociedade* (Impresso), v. 38, p. 507-524, 2017.

_____. Base Nacional Comum para Currículos: direitos de aprendizagem e desenvolvimento para quem? *Educação e Sociedade*, v. 36, p. 891-908, 2015.

_____. Base Nacional Curricular Comum: a falsa oposição entre conhecimento para fazer algo e conhecimento em si. *Educação em Revista* (UFMG), v. 32, p. 45-68, 2016.

_____. Base Nacional Curricular Comum: Novas formas de sociabilidade produzindo sentidos para educação. *Revista e-Curriculum* (PUCSP), v. 12, p. 1530-1555, 2014.

MACEDO, Elizabeth; FRANGELLA, Rita de Cássia Prazeres. Apresentação — Políticas de Currículo ou Base Nacional Comum: Debates e Tensões. *Educação em Revista* (UFMG), v. 32, p. 13-17, 2016.

OLIVEIRA, Inês Barbosa. Contribuições de Boaventura de Sousa Santos para a Reflexão Curricular: Princípios Emancipatórios e Currículos Pensados-praticados. *Revista e-Curriculum* (PUCSP), v. 9, p. 1, 2012.

OLIVEIRA, Inês Barbosa; VERÍSSIMO, Maria Luiza Süssekind. Das teorias críticas às críticas das teorias: um estudo indiciário sobre a conformação dos debates no campo curricular no Brasil. *Revista Brasileira de Educação*, v. 12, p. 65, 2017.

SAUL, Ana Maria; AMORIM, A. C. Currículo, conhecimento e experiências. *Revista Teias* (UERJ. Online), v. 14, p. 3-8, 2013.

SAUL, Ana Maria. Currículo e movimentos sociais: uma prática na escola inspirada na pedagogia de Paulo Freire. *Revista Teias* (UERJ. Online), v. 16, p. 135-152, 2015.

SAUL, Ana Maria; MARTINS GIOVEDI, V. Currículo e movimentos sociais: uma prática na escola inspirada na pedagogia de Paulo Freire. *Revista Teias* (UERJ. Online), v. 16, p. 135-152, 2015.

SAUL, Ana Maria; SILVA, A. F. G. da. O pensamento de Paulo Freire em sistemas públicos de ensino: pesquisando políticas de currículo em um mesmo território, sob diferentes olhares. *Revista Teias* (UERJ. Online), v. 13, p. 9-27, 2012.

SAUL, Ana Maria; GANDIN, Luis Armando. Apresentação. *Revista e-Curriculum* (PUC-SP), v. 15, p. 887-893, 2017.

SÜSSEKIND, M. L.; FERRACO, C. E.; GOMES, M. A. O. Por que um dossiê que potencialize as práticas curriculares cotidianas? *Revista Espaço do Currículo* (Online), v. 9, p. 175-183, 2016.

VIEIRA, Jarbas Santos; FEIJÓ, José Roberto de Oliveira. A Base Nacional Comum Curricular e o conhecimento como *commodity*. *Educação Unisinos* (Online), v. 22, p. 35-43, 2018.

ZANARDI, Teodoro Adriano. Demokratie, Curriculum und Interkulturalität. Die Sichtbarkeit des Anderen. *Dialogische Erziehung*, v. 1, p. 36-39, 2012.

GRÁFICA PAYM
Tel. [11] 4392-3344
paym@graficapaym.com.br